A ARTE
DE FAZER
ESCOLHAS

LOUIS BURLAMAQUI
Autor de *Flua* e *Domínio emocional em uma era exponencial*

A ARTE
DE FAZER
ESCOLHAS

*Insights e contos baseados em princípios quânticos
para despertar o seu poder pessoal*

Copyright © Louis Burlamaqui, 2019
Copyright © Editora Merope, 2019

CAPA	Desenho Editorial
PROJETO GRÁFICO E DIAGRAMAÇÃO	Desenho Editorial
COPIDESQUE	Eliana Gagliotti
	Isabela Talarico
REVISÃO	Mônica Reis
	Simone Zac
COORDENAÇÃO EDITORIAL	Opus Editorial
DIREÇÃO EDITORIAL	Editora Merope

Primeira edição lançada em 2014 pela editora Aleph.

Todos os direitos reservados.
Proibida a reprodução, no todo ou em parte, através de quaisquer meios.

DADOS INTERNACIONAIS DE CATALOGAÇÃO NA PUBLICAÇÃO (CIP)
(CÂMARA BRASILEIRA DO LIVRO, SP, BRASIL)

Burlamaqui, Louis, 1968-
A arte de fazer escolhas : insights e contos baseados em princípios quânticos para despertar o seu poder pessoal / Louis Burlamaqui. -- Belo Horizonte : Merope Editora, 2019.

ISBN 978-85-69729-19-8

1. Atitude - Mudança 2. Autoajuda
3. Autoconhecimento 4. Psicologia aplicada
5. Relações interpessoais I. Título.

Índices para catálogo sistemático:

1. Autoconhecimento : Desenvolvimento pessoal :
Psicologia aplicada 158.1
Cibele Maria Dias - Bibliotecária - CRB-8/9427

MEROPE EDITORA LTDA.
Rua Bernardo Guimarães, 245 sala 1602
30140-080 – Belo Horizonte – MG – Brasil
Fone/Fax: [55 31] 3222-8165
www.editoramerope.com.br

Para Gláucia e Lucas:
Minhas escolhas.

Palavra do Autor

Era 11 de agosto de 2013 e eu estava em um hotel em Imbassaí, na Bahia, participando de mais uma formação terapêutica internacional. Dessa vez formávamos um grupo pequeno de 13 pessoas e nossa guia nos deu uma reflexão para a noite. Quando nas nossas mentes surgissem lembranças de momentos dramáticos, deveríamos escolher entre remoer estas lembranças ou ocupar nossas mentes com pensamentos grandiosos vindos do nosso coração. A mensagem ficara registrada. Adoro investigar aspectos ocultos em minha existência.

Durante toda a noite refleti muito e percebi o quanto permitia que os dramas passassem por mim e constatei que meu coração já era minha opção havia tempos. Ainda inquieto, abri meu computador e deparei com o livro que estava acabando de escrever. A temperatura estava alta, o quarto com a companhia de dezenas de pernilongos e 10 títulos de livros para escolher.

Nenhum título me dava um sentido maior. Eu me vi por um bom tempo sem saber que título escolher quando me conscientizei da mensagem de Christine: qual é a sua escolha?! De repente tudo ficou claro: o desígnio, a escolha, os dramas... Encontrei naquele instante o título que traduzia exatamente a proposta do meu livro: *A arte de fazer escolhas*.

Se pararmos para pensar, fazemos escolhas a todo momento em nossas vidas, e cada uma delas influencia no nosso destino. Ao sair de casa podemos escolher caminhos; o trabalho é uma escolha; relacionamentos são escolhas; compras são escolhas! O tempo todo estamos escolhendo! Mas estamos fazendo as escolhas certas? Nossa vida está fluindo ou está estagnada?

A vida é um palco e cada um de nós é o protagonista do seu próprio espetáculo. Como protagonistas, fazer as escolhas certas é uma arte.

Estudando os princípios quânticos a partir de dois mentores, Francisco Di Biase e Amit Goswami, já há algum tempo venho percebendo o quanto o mundo sutil influencia o mundo evidente, aquele que é captado pelos nossos cinco sentidos.

Há um preceito quântico segundo o qual nossas vidas são um emaranhado de possibilidades. Tudo o que pensamos, sentimos e fazemos cria campos de realidades.

O campo de influência e realidades ficou bem evidente para mim quando pude debater de forma mais profunda em um simpósio no Brasil com Amit Goswami. A arte de fazer escolhas tinha relação com o mundo mínimo ou quântico e as descobertas sucessivas e recorrentes que recebíamos. A partir dessa experiência com um físico quântico renomado, decidi traçar um paralelo deste mundo quântico com nossa realidade cotidiana. Certamente minha intenção não seria tarefa fácil, pois neste tema, quanto mais se estuda, constata-se que menos se entende e se sabe. Mas meu entendimento, por menor que fosse, dava-me a noção de que existiam correlações. Desta forma, então, minha proposta foi construir correlações dos temas do cotidiano da vida com o que cientistas descobriam. Assim o livro foi tomando um sentido natural.

Palavra do autor

Eu buscava também fazer do meu livro uma experiência que pudesse ser única para cada pessoa. Sendo assim, escrevi de forma que ele fosse também uma opção de escolha. Cada leitor poderia escolher qual capítulo ou parte ler e assim ver o que interessaria para o momento de sua vida. São mais de 200 textos, contos e insights que podem trazer escolhas em vários campos de sua vida.

Para o final de cada página preparei algo especial: deixei uma pergunta para o leitor fazer a si mesmo. Um questionamento, creio, é um bom propulsor de mudanças.

Tudo o que escrevi foi minuciosamente coletado da coluna diária de rádio "Pense Diferente", que tenho há anos em Belo Horizonte e atinge mais de 88 municípios de Minas Gerais. Sou acompanhado por milhares de ouvintes, e os textos que mais tocaram, sensibilizaram e fizeram pessoas mudarem os rumos de suas vidas estão reunidos neste livro. Portanto, cada texto tem um significado específico que pode servir para você hoje, amanhã ou algum dia.

Lembre-se de que tudo na vida é uma escolha!
Sua vida é sua escolha!
Boa leitura!

Louis Burlamaqui

Sumário

ESTRESSE 13

PRODUTIVIDADE 35

AMOR 59

DINHEIRO 81

RELACIONAMENTOS 103

BEM-ESTAR 127

O PODER DA MENTE 147

AUTOESTIMA 167

MOTIVAÇÃO 185

INTELIGÊNCIA EMOCIONAL 207

Estresse

Um mundo caótico gera pessoas estressadas

Princípio da incerteza – Werner Heisenberg

O modo como a natureza funciona dentro de um átomo não segue as leis de Newton. Os fótons mudam de partículas em ondas. Os elétrons saltam de órbita em órbita. Segundo Margaret Wheatley, "nossa incapacidade para prever ocorrências individuais no nível quântico não é resultado de desordem inerente". Existe uma capacidade do universo de se auto-organizar em meio ao caos. O biólogo Stuart Kauffman (1995) utilizou lâmpadas elétricas para demonstrar a capacidade autorreguladora de toda matéria.

Em nosso cotidiano, no ambiente de rapidez, variedade e volume de informações que encontramos, tendemos a querer ter controle sobre muitas coisas, mas é certo que não teremos o controle da forma como gostaríamos.

A tendência de tentar controlar o que é externo, aquilo que não temos como prever, tira nossa energia, acelera nossa mente, e nos deixa oscilando entre passado e futuro. É a pressão externa mais a interna, um estado que nos sobrecarrega e ficamos estressados.

Nos textos a seguir, o leitor encontrará insights de como trazer o controle para dentro de si, entendendo que tudo se auto-organiza em sua vida, mesmo quando acreditamos no contrário. Esse é um princípio do universo e um princípio que pode – e deve – ser usado em sua vida.

O QUE É ESTRESSE

A palavra "estresse" é vista pela maioria das pessoas como algo que não é saudável, mas podemos vê-la de uma perspectiva diferente. O estresse pode surgir em inúmeros e variados casos. Uma série de situações causa estresse. No entanto, uma definição normalmente aceita é a do abalo do nosso estado de saúde ou emocional, quando uma pessoa percebe que as exigências vão além da sua capacidade de realização.

Vejamos: quando somos exigidos além da nossa capacidade, isso pode nos paralisar ou nos mobilizar.

Então, o estresse pode ser positivo ou negativo. Positivo porque pode nos estimular a realizar algo. Por exemplo: Uma pessoa se endivida comprando um apartamento, e agora ela deve economizar para quitá-lo. Assim, ela tem um estresse positivo. Mas, se ela não souber lidar com a situação e sentir que o dever é muito maior do que a sua capacidade, o estresse transforma-se em negativo. Leitor, analise se o seu estresse está no nível positivo ou negativo.

Ele mobiliza ou paralisa você?

Essa é a sua decisão! Pense nisso!

FAÇA SUA ESCOLHA:
O que fará com o estresse?

Trabalho na mente

O estresse tem várias origens – entre elas, o excesso de trabalho. Um amigo, certa vez, me disse que estava sempre cansado e estressado. Sua esposa confirmou. Então, eu o procurei para ter uma conversa em uma sessão particular. Nossas descobertas foram reveladoras.

Ele trabalhava em uma indústria em Contagem, na grande Belo Horizonte; chegava às 8h e saía às 18h. Portanto, aparentemente, tinha uma jornada considerada normal. Mas, na realidade, não era bem assim. Quando chegava em casa, sua mente não havia se desligado do trabalho. Ele se relacionava com a família, mas sua cabeça não parava de pensar em questões do trabalho.

Descobrimos que ele não trabalhava das 8h às 18h, mas das 8h às 23h, pois até a hora de dormir ele estava pensando em trabalho.

Vejamos, o grande problema não é a quantidade de horas que você trabalha, mas quanto você pensa sobre trabalho. Uma mente saudável ocupa-se de atividades diversas e consegue se desligar de um pensamento. Quando não fazemos isso, o estresse do excesso nos toma e absorve nossas energias. Portanto, livre-se desse pensamento viciante que não sai da sua cabeça, assim você despertará para uma vida de possibilidades, usando a criatividade a seu favor.

Faça sua escolha:
Quanto de trabalho quer ter em sua mente?

AMEAÇA INVISÍVEL

Uma das bases da origem do estresse se dá pela sensação de ameaça. Vivemos em um mundo em que constantemente nos sentimos ameaçados, principalmente na vida profissional.

Existem 4 ameaças que geram estresse:

- Nossa posição social. Quando sentimos que podemos perder nossa posição social, ou mesmo mudar o nosso status, uma luz vermelha acende e nos estressamos.
- A opinião de outras pessoas é um fator de muito estresse. Vivemos querendo ser bem aceitos e, quando não sentimos isso, nos fechamos ou atacamos.
- Nossa perspectiva de ganho. Quando sentimos que podemos dar um salto na vida e ganhar algo, o estresse vem como forma de obrigação da realização.
- Quando algo toca nossos valores profundos. Quando somos provocados em nossos princípios, o estresse é acionado como sistema de defesa.

Esteja atento ao que te ameaça. Se você tiver consciência, saberá ter controle; senão, será controlado.

....
FAÇA SUA ESCOLHA:
Como pretende lidar com as ameaças?
....

LIBERANDO A EXAUSTÃO

O mundo moderno é cada vez mais rápido, cheio de cobranças, e espera por resultados. Quanto mais lutamos contra isso, mais nos tornamos reféns deste mundo. Então, trago-lhe uma chave para lidar com as cobranças que podem nos estressar.

Um cano de descarga em um veículo serve para desafogar um produto do funcionamento mecânico; da mesma forma, uma pessoa irá receber uma série de situações semanais que ativarão suas emoções. Por isso, se ela tiver uma descarga ou válvula de escape, não se tornará uma presa fácil do estresse.

Que válvula pode ser esta?
- Praticar um exercício ou esporte
- Meditar
- A convivência com amigos
- Assistir peças de humor
- Ir ao cinema e a shows
- Viajar

Entre muitas outras.

Você não tem controle sobre os problemas, mas pode decidir como pretende liberar emoções de dentro de você por meio de alguma ação.

Essa liberação traz uma oscilação, que traz o equilíbrio de volta.

FAÇA SUA ESCOLHA:
Quais são suas válvulas de escape mais eficazes?

Descanse antes

Outro dia eu trabalhava em um projeto de uma empresa e estava envolvido com um engenheiro. No meio do dia, ele aproximou-se da equipe e disse: "Estou exausto". Em seguida, começou a passar mal. O grupo parou as atividades e levou-o à emergência, onde mais tarde ele foi diagnosticado com estafa. Ficou 15 dias parado.

Caro leitor, por que essas coisas acontecem? Simplesmente porque algumas pessoas acreditam que precisam esgotar suas forças para parar. Isso é um erro.

Hoje lhe trago uma perspectiva diferente: descanse antes de se cansar. Isso já era dito por Dale Carnegie no passado.

É a coisa mais lúcida e sábia a se fazer. Quando notar que está chegando ao seu limite, não espere se esgotar: descanse antes. Assim você terá um repositório de forças e, mais, não entrará em um estado crônico.

Isso é sabedoria! Descanse antes de se cansar – uma atitude simples e prática que pode fazer você render mais sem ter que se esgotar para isso.

FAÇA SUA ESCOLHA:
Onde pretende buscar forças antes de se esgotar?

Vencendo o Estresse

O que fazer para não se estressar? Essa é a pergunta para a qual muitos gostariam de saber a resposta. Então vou lhe dar uma possibilidade simples: experimente fazer algo de que gosta muito.

Quem vai ficar estressado fazendo algo que adora? Quando fazemos aquilo de que gostamos, o tempo não importa, nem mesmo as dificuldades e os problemas, porque tudo isso não é maior do que a nossa vontade de realização.

Muitas pessoas estão cansadas e estressadas simplesmente porque caíram na mesmice e consideram o seu trabalho chato. Enquanto estiverem assim, irão se estressar.

Procure encontrar um motivo nobre no que faz para que possa sentir um pouco mais de prazer. Desta forma você diminuirá aquela terrível sensação de peso e obrigação.

Retirar o estresse de nossa vida é encontrar uma razão para cada coisa que fazemos. Portanto, influencie seu estado mental, percebendo o sentido para o que faz.

Seu estado mental positivo é a força propulsora de sua vida.

Faça sua escolha:
Do que você gosta muito e em que vale a pena pôr energia?

Outro olhar

Onde você pensa que está o estresse? No seu corpo? No pescoço? Na barriga? Na sua energia?

Veja, todas são opções admitidas, mas quero destacar que o estresse mais vigoroso está em um lugar muito específico: na sua cabeça. Ou melhor, na sua mente!

Não é o que acontece com você que influencia o seu estresse, mas a maneira como você interpreta os acontecimentos.

As interpretações geram sentimentos, que interferem nas emoções e no estado de espírito.

Você pode ver a escassez como uma oportunidade ou ameaça. Assim como a abundância pode ser um problema ou solução. Depende de como são vistas.

Como você interpreta as coisas? Criando mais dificuldades ou trazendo mais soluções?

A maneira de lidar com as experiências em sua vida é que vai torná-la mais leve ou mais pesada.

....
Faça sua escolha:
Como você pretende lidar com as situações que ocorrem em sua vida?
....

TRÂNSITO

O trânsito nas grandes cidades é uma fonte natural de estresse. Metrópoles padecem de um modelo arcaico de desenvolvimento no qual as rodovias nunca serão suficientes para acomodar um número cada vez mais expressivo de carros.

Inevitavelmente estamos neste tráfego e sofremos a terrível tirania do trânsito, que desperdiça um enorme tempo de nossas vidas.

Como lidar com isso, sendo que muitas vezes não temos escolha?

Saia mais cedo e volte mais cedo, se seu trabalho permitir. Muitas vezes isso é possível e muito útil.

Se estiver de carro, faça algo útil no carro. Escute um audiolivro, estude outros idiomas em aulas em CD.

Se estiver no ônibus, use fones de ouvido para aprender algo. Aproveite para conhecer pessoas. Relaxe escutando uma boa música.

Quanto mais focados no trânsito, mais ele nos consome.

Ocupe-se e isso o distrairá positivamente enquanto o caos urbano se desenrola.

FAÇA SUA ESCOLHA:
O que pretende fazer quando ficar parado no trânsito?

Espaço

Houve um estudo em uma fábrica de disjuntores nos Estados Unidos em que se colocou um número de pessoas trabalhando num projeto em uma sala mal iluminada e desconfortável. Ao mesmo tempo colocou-se outro grupo realizando o mesmo projeto em um espaço claro e confortável. Resultado: o grupo que trabalhou em um ambiente mais bem cuidado foi significativamente mais produtivo do que o outro.

O mesmo se dá em nossas vidas. O ambiente e o espaço de trabalho em que nos encontramos faz toda a diferença em nossa energia e disposição.

Analise seu espaço de trabalho e veja se pode torná-lo mais agradável. O primeiro passo é deixá-lo limpo. Locais cheios de entulho e papéis tendem a nos cansar a visão.

Cultive alguma planta. O reino vegetal ajuda muito na transmutação da energia de ambientes.

Verifique se a sua cadeira é ergonômica, se a mesa e o armário estão adequados. O zelo e a organização dão a sensação de que as coisas estão em ordem e isso acalma a mente.

Cuidar do espaço é cuidar da sua mente, pois um influencia o outro.

FAÇA SUA ESCOLHA:
Como você pretende melhorar seu espaço?

SOPA QUENTE

Imagino que você já tenha tomado sopa quente, certo? Quando tomamos uma sopa ou caldo bem quente e estamos com fome, o que podemos fazer para não queimar a língua? Um bom caminho é começar tomando pelas beiradas. É dessa mesma forma que as irritações e aborrecimentos vão tomando conta de você. Vão minando-o aos poucos.

E o que acontece com uma pessoa que é minada assim, diariamente? Ela vai acumulando irritações da mesma forma como um copo se enche de água. Até que uma hora transborda e perde-se o controle.

Quando uma pessoa segura muita coisa, o estresse a toma de assalto e ela acaba estourando sem conseguir medir com quem e em que momento.

Assim, criamos nossa reputação de irritadinhos, desequilibrados, etc.

Procure ver as pequenas coisas que o vão irritando e não as deixe acumular. Dessa forma você evitará o descontrole ocasionado pelo acúmulo de emoções.

FAÇA SUA ESCOLHA:
Como você vai lidar com os pequenos aborrecimentos diários?

Relações humanas que estressam

Basta você colocar um prazo para algum projeto e o estresse já fará parte de sua vida. O que faríamos sem um foco? Pouco, não é? Mas quando várias pessoas trabalham juntas e têm metas desafiadoras, todas estão sob estresse. É quase inevitável que atritos ocorram. As relações humanas podem ser outra grande fonte de estresse. Mas o que fazer para não piorar a situação?

Algumas empresas têm uma sala de descompressão. O objetivo é fazer as pessoas liberarem o estresse jogando, assistindo à televisão, há ainda empresas que mudam as pessoas de atividade.

O que você pode fazer para sair do gatilho do estresse? Se não fizer nada, vai acabar se metendo em confusão com outras pessoas ou interiorizando emoções negativas.

Quando estiver sob pressão, saia, mude um pouco de ar e evite debater, pois isso o ajudará a restabelecer o seu equilíbrio e a usar o estresse a seu favor.

Faça sua escolha:
Como você alivia o estresse com pessoas?

Improvisação: jeitinhos e puxadinhos

Vivemos em um país onde o improviso é uma marca registrada. Observe como o brasileiro, de forma geral, acaba optando por arrumadinhos, puxadinhos e jeitinhos. Esse padrão de comportamento nos leva a negligenciar problemas e a não pensar em tudo.

A consequência bem comum é que, quando estamos executando algo, aparece um monte de problemas que não foram pensados antes, e o estresse acaba tomando conta de nós.

Uma mulher planejou montar um salão de beleza no interior da Bahia. Elaborou um plano, tomou uma parte do dinheiro emprestado e, no final, gastou 40% a mais com uma série de imprevistos. Estressou, brigou com o marido e com funcionárias e perdeu uma assistente, simplesmente porque se estressou com tudo. Isso acontece na vida de muita gente.

Planejamento pobre, o corpo e a mente pagam caro. Portanto, aprenda a planejar e a ser detalhista em seus projetos. Isso evita o estresse e você sai do improviso que insiste em nos rodear.

Planejamento bem-feito tira o estresse como efeito!

Faça sua escolha:
Como você pode fazer um bom planejamento?

NORMOSE

Já ouviu falar em normose? Normose é a doença da normalidade. Ou seja, é quando nos acostumamos a conviver com coisas e hábitos não saudáveis e achamos isso normal.

Ver meninos na rua pedindo dinheiro e se acostumar com isso. Ver pessoas roubando, corrompendo e achar que isso é normal no Brasil. Ficar sempre nervoso com determinadas coisas. Estourar com pessoas ou ficar remoendo questões na mente.

O problema é que muita gente já se acostumou com um monte de coisas e também a determinados hábitos e situações estressantes.

Tudo que é estressante em sua vida não tem que ser para sempre, nem mesmo suas atitudes.

Se você joga um sapo em uma panela de água fervendo, ele vai saltar, não vai ficar nela; mas, se você coloca o sapo na água e vai esquentando-a aos poucos, ele se acostumará e acabará morrendo cozido. O mesmo acontece com pessoas que já se acostumaram a determinados problemas. Acorde, saia da normose! Nós não temos que ficar aguentando determinadas coisas pelo resto da vida.

Sua vida é sua escolha.

FAÇA SUA ESCOLHA:
Qual é a normose que está ao seu redor? Como se livrar dela?

MOLA

Outro dia eu estava acompanhando um gestor. Ele começou o dia em uma daquelas reuniões extremamente inúteis, e depois teve um monte de contratempos. Ao longo do dia, aborreceu-se com dois funcionários que não se envolviam com um projeto. Mais tarde, ainda teve de ouvir o desabafo de um cliente. Esse gestor, no entanto, demonstrou total equilíbrio, absorveu tudo. Só que não eliminou nada do que havia recebido. Ele "engoliu" as coisas e adotou um comportamento socialmente aceitável.

Sabe o que aconteceu?

À noite, diante de uma pequena travessura do filho, ele estourou. Depois ficou muito arrependido. Esse é um comportamento "mola". Quando você comprime uma mola, aumenta a pressão e ela vai expandir essa pressão para voltar à posição original.

O mesmo aconteceu com esse gestor. Enquanto houver compressão e a atitude de guardar e engolir as coisas, a pressão interna vai aumentar e acabaremos estourando para fora ou para dentro de nós mesmos.

E você, caro(a) leitor(a)? Se também for do tipo que guarda e comprime, é hora de deixar de ter o comportamento de mola. Encontrar válvulas de escape é uma boa maneira de eliminar o estresse e a pressão que roubam a nossa energia.

FAÇA SUA ESCOLHA:
Até quando você vai aceitar coisas de que não precisa?

ADAPTABILIDADE

Você se considera uma pessoa que sabe se adaptar à vida? É claro que sim! Todos nós temos a capacidade de adaptação dentro de nós como razão de sobrevivência. O ser humano se ajusta a tudo.

Mas a questão não é simplesmente se adaptar, é a maneira como nos adaptamos e quais consequências isso traz para as nossas vidas.

Existe um padrão de resposta ao estresse que consiste em três estágios:

- O estado de alarme. É quando sabemos que corremos risco em alguma coisa. Isso nos deixa em alerta. Não há problema nisso.
- O estágio de resistência. Quando o estresse é muito e resistimos a alguma questão.
- O estado de exaustão. Quando chegamos a um ponto no qual estamos exauridos e sem energia. Este é o risco: a exaustão. Nesse estágio, agredimos, contraímos e fazemos bobagens.

Não se permita chegar ao extremo e à exaustão. Porque nessa fase o corpo paga, a mente escurece e as relações ficam comprometidas.

FAÇA SUA ESCOLHA:
Como você vai usar a adaptabilidade positivamente?

Ambiente que oprime

Vamos entender sob outra perspectiva o surgimento do estresse em nossas vidas.

O estresse acontece quando o ambiente oprime as pessoas. Quando elas são cobradas demais ou quando alguns projetos parecem assustadores ou preocupantes. O que ocorre com o estresse, na verdade, é uma discrepância percebida, seja ela real ou não, entre as demandas da situação e o que a pessoa pode oferecer.

Por exemplo: chefes que estabelecem metas muito além da capacidade do funcionário; urgências constantes; falta de recursos apropriados; trabalhos com risco de acidentes; temperamentos instáveis de chefes; medo, entre outros, são casos clássicos que inevitavelmente geram estresse.

Por isso, se você é gerente ou líder, veja se não está criando um ambiente estressante, do tipo que trava as pessoas.

Por outro lado, se você tem chefes assim, inicie um diálogo, se for possível, para que você possa produzir sem prejuízo para a sua saúde física ou psíquica.

Faça sua escolha:
Como usar o estresse de forma positiva?

AS PEQUENAS IRRITAÇÕES

Quando andamos no meio do mato, é mais fácil tropeçar em uma pedra grande ou em uma pequena? Provavelmente na pequena. Por quê? Porque a pequena você não enxerga com tanta facilidade.

O mesmo ocorre com aquilo que nos gera estresse: os pequenos aborrecimentos e irritações. Coisas como: dormir pouco à noite e ir trabalhar cedo; um barulho estridente de um despertador; atrasos; trânsito intenso; ônibus lotado; o computador que não está funcionando; uma pessoa que se esqueceu do que você pediu; uma reclamação que teve que ouvir, entre outras.

Essas coisas são pequenas irritações diárias. Todos nós estamos sujeitos a elas. O problema é que elas vão se acumulando e, quando o caldo entorna, perdemos a cabeça e estouramos com alguém. Normalmente, esse alguém é uma pessoa próxima ou que gosta de nós!

Leitor, não permita que as pequenas irritações se acumulem. Se você toma banho todos os dias para se limpar, faça o mesmo com as suas irritações. Como? Reconheça todas elas e encontre válvulas de escape que não sejam pessoas, senão elas não vão suportá-lo.

O segredo é não deixar as pequenas irritações se acumularem.

FAÇA SUA ESCOLHA:
Como eliminar irritações diárias?

SUPERMENTE

Você percebe que, a cada dia que passa, temos que produzir mais, vender mais e conseguir fazer as coisas mais rapidamente, melhor e em menos tempo?

Pois bem, o grande desafio é que o volume de tarefas que temos sempre vem aumentando e muitas pessoas estão se estressando com isso.

Por quê? Porque têm o hábito de querer gravar tudo na cabeça! Caro leitor, é como querer guardar todas as roupas em uma só gaveta. Vai virar uma bagunça! Mas é isso o que acontece com muita gente.

Muitos se estressam com gente cobrando e se aborrecem simplesmente porque querem guardar tudo na cabeça. É hora de mudar! Faça diferente. Crie uma forma de registrar todas as suas demandas, compromissos e atividades! O mundo é muito fluido e o volume aumentou. Você pode usar hoje inúmeros instrumentos de controle como smartphones, agendas físicas, agendas eletrônicas, pequenos cadernos de notas etc.

Não importa qual é o seu método – o que importa é que ele funcione para você. Quando você registra, você tira o acumulo da cabeça e, por fim, diminui o estresse.

Não queira ter uma supermente; você pode deixar sua mente cada vez mais poderosa sem sobrecarregá-la de modo desnecessário.

> **FAÇA SUA ESCOLHA:**
> *Como usar sua mente com mais inteligência?*

Produtividade

Produtividade é ter vida produtiva

Teoria da dupla fenda – Thomas Young

Em 1803, Thomas Young descobriu que a luz opera em ondas que podem se chocar umas com as outras gerando níveis de interferência. O mesmo fenômeno ocorre quando jogamos pedras em lagos formando ondulações, de modo que uma interfira na outra criando novas ondas e padrões de movimento.

Em nossas vidas, com o volume de atividades que temos, uma coisa interfere na outra. Quando não se organiza um dia, ou uma semana, ou mesmo o mês, perde-se tempo, estendem-se as atividades e podemos entrar num ciclo de improdutividade.

Produtividade é a capacidade de fazer mais com menos. Conseguir perceber os níveis de interferência e fazer as escolhas de maneira organizada pode influenciar nos resultados profissionais.

Nos textos seguintes, o leitor perceberá como criar ambientes e uma mente produtiva.

Mangueira

Imagine uma mangueira! Você coloca essa mangueira em uma torneira, liga e vê que, lá na ponta, a água não está saindo com força. Abre mais a torneira e a água continua saindo fraca. Então você percebe que a mangueira está cheia de pequenos furinhos e, por isso, a água está indo embora.

Você já se sentiu como uma mangueira cheia de furinhos? É assim a vida de muita gente. Os furos na mangueira representam cada pendência que temos em nossas vidas. Quanto mais pendência, mais ficamos com a sensação de que algo está faltando. As pendências criam uma sensação de vazio, e essa sensação consome a nossa energia.

Pode ser uma fechadura que está quebrada, um cliente que você precisa visitar, um quadro torto, uma visita ao médico, a conclusão de um relatório etc. São muitas coisas que fazemos e quanto mais pendência criamos, mais gastamos energia. Essa é normalmente a razão pela qual muitas pessoas sentem cansaço e perdem suas forças.

Se você fizer uma lista de suas pendências, das mais simples até as mais complexas, e fixar um prazo para cumpri-las, perceberá que sua energia pessoal se revigorará.

FAÇA SUA ESCOLHA:
Que pendências você precisa resolver hoje?

LEVEZA

Ser produtivo tem relação também com conduzir a vida de uma forma mais leve. O mundo em que vivemos é mais rápido, exigente e cobra mais. Isso pode se transformar em um peso para algumas pessoas.

Quero ajudá-lo a tornar sua vida menos pesada. Muito do que temos vem de nosso consumo. Compramos um mundo de coisas: úteis, inúteis, coisas de que gostamos e coisas que adoramos.

Vamos ao seu guarda roupa! Lá tem um monte de coisas que você comprou. Observe as roupas que há tempos não usa e talvez nem vá usar! Sabe o que significa ter roupas ou utensílios que não usamos muito? Energia parada! Energia parada é peso! Observe também a relação emocional com suas roupas! Por que algumas mulheres demoram tanto para vestir-se? Porque há coisas que elas gostam e outras que elas amam!

Minha sugestão é que mantenha em seu armário somente as roupas que você ama! Faça uma limpa do que não usa e naquilo de que simplesmente gosta! Você vai ver como sua vida ficará leve, fluida. Toda vez que abrir o armário, só verá coisas que ama!

Sugiro que experimente usar seu dinheiro somente naquilo que é útil e que você ama; dessa forma, você poderá vir a mudar todo seu fluxo de energia pessoal e sua vida se tornará muito mais produtiva e leve!

FAÇA SUA ESCOLHA:
Como eliminar a energia parada?

ATRAÇÃO

Você percebeu que existem pessoas que, quando chegam a algum lugar, todo mundo sente algo forte e presente? Isso não acontece à toa.

Todo ser humano tem um campo eletromagnético, e esse campo oscila de acordo com o seu estado emocional e mental. Quando nós estamos bem, cultivamos emoções positivas e o campo cresce. É um movimento natural. Da mesma forma, quando estamos mal, o campo recua. Ou seja, o seu campo eletromagnético oscila diretamente de acordo com as emoções que você tem no dia a dia. Mas a questão é: qual é o problema de expandir ou recuar?

Quando o campo se expande pela energia positiva, atrai o positivo; quando ele recua para o negativo, atrai o negativo.

Se você quer trazer positividade para a sua vida, observe o que sai da sua boca, o que passa em sua mente e o que sente no coração. São essas coisas que vão determinar o seu estado e, de certa forma, o que você atrai para a sua vida.

FAÇA SUA ESCOLHA:
Que energias pretende atrair? O que está fazendo para isso?

WORKAHOLIC

Quando eu era pequeno, meu tio-avô me disse ao pé do ouvido: "se você não trabalhar muito, não vai ser nada na vida". Eu acreditei e cheguei a trabalhar 16 horas por dia. Algum tempo depois, comecei a descobrir que para ganhar mais não era necessário trabalhar muito, e sim que eu precisava trabalhar de forma mais inteligente. Assim, descobri a diferença entre o *workaholic*, a pessoa viciada em trabalho e que acredita que trabalhando muito ganhará mais, e o profissional de alto desempenho, aquela pessoa que consegue produzir mais em menos tempo.

No mundo atual, muitos querem se tornar uma pessoa de alto desempenho. Uma pessoa que faz mais com menos. Para isso, você precisa estar treinado e capacitado, pois assim terá instrumentos e ferramentas para auxiliá-lo.

Por isso, investir em treinamentos é imprescindível para seu futuro.

Observe que esportistas já habilidosos não param de treinar e se aprimorar. Então, por que seria diferente com você?

Aumente o conhecimento, amplie suas habilidades e melhore sua atitude. Desse modo, certamente você terá um desempenho melhor no que faz.

Trabalhe menos e produza mais!

FAÇA SUA ESCOLHA:
Como desempenhar melhor a minha inteligência?

CANSAÇO

Cansaço é diferente de estresse. É muito importante termos isso em mente para sermos mais produtivos. Cansaço resulta de um esforço intenso; estresse, por sua vez, resulta de um esforço sem sentido.

Por exemplo:

- Jogar 1 hora de futebol cansa, mas não estressa.
- Cozinhar para 30 pessoas cansa, mas não estressa.
- Fazer uma hora de ginástica rítmica cansa, mas não estressa.

A chave é que você tenha um objetivo e saiba por que está fazendo algo. O estresse acontece quando não vemos sentido no que estamos fazendo. Por isso algumas pessoas mal começam a trabalhar e logo estão estressadas. Por que isso acontece? Porque não veem um significado maior para o que estão fazendo.

Portanto, não se preocupe com o cansaço; preocupe-se quando estiver fazendo algo estressante, pois isso pode estar roubando suas energias mais do que você imagina.

De cansaço a gente cuida descansando, e de estresse a gente cuida dando um sentido às nossas atividades.

Faça sua escolha:
Você está cansado ou estressado?

O FRUTO

Para uma ótima produtividade aqui vai uma das grandes dicas. Produtividade significa ter uma atividade produtiva. Uma atividade que gera resultados. E resultado é fruto.

Então você me pergunta: qual é a dica? A dica é concentrar-se no fruto e atuar na raiz.

Quando se percebe o resultado final e o impacto de tudo o que se faz, as coisas ganham sentido. O que mais importa hoje para as pessoas é fazer algo que tenha significado. Quando entendemos o sentido de alguma coisa, tudo é prazeroso. A raiz de toda atividade é o propósito dela. O seu significado.

Se o porteiro de uma distribuidora entende que ele zela pelo patrimônio da empresa, ele percebe que é mais do que um porteiro. Se um vendedor percebe que está influenciando a vida ou o estado emocional do cliente, ele é mais que um vendedor. Se um agente financeiro entende que ele garante o futuro da empresa, ele é mais que um agente financeiro.

Perceber o real valor e impacto que nosso trabalho possui é ter consciência da raiz e do fruto desse trabalho.

Quando temos o fruto e a raiz do trabalho em mente, trabalhamos com mais vontade e inevitavelmente fazemos mais com menos.

FAÇA SUA ESCOLHA:
Qual o sentido do seu trabalho?

Esvazie sua mente

Você já experimentou carregar, ao mesmo tempo, seu computador, roupas para lavar, compras de supermercado e ainda uma criança no colo? Isso é pesado e estressante, não é?
Pois bem, é exatamente isso o que ocorre quando temos cem coisas em mente e queremos dominar todas elas.
Você se confundirá e esgotará sua energia! Todos nós temos diariamente um monte de tarefas, obrigações, o que acontece se não organizamos isso? Embaralhamos tudo na cabeça.
Essas tarefas, todas embaralhadas, criam uma mente confusa e tensa, pois sempre temos a sensação de não estar cumprindo alguma coisa.
Por isso, sugiro que todos os dias, quando terminar suas atividades, esvazie sua mente. Como fazer isso? Anote todas as pendências e deixe isso no caderno ou no computador. Ao esvaziar sua mente, você relaxa e dá espaço para outras atividades.
Isso pode resultar em mais produtividade. Se tiver dias produtivos, terá uma semana produtiva. Se tiver semanas produtivas, terá meses produtivos; e, se tiver meses produtivos, terá um ano produtivo.

Assim você constrói um hábito positivo de produtividade.

Faça sua escolha:
Como limpar a sua mente?

O PODER DA FREQUÊNCIA

O que distingue uma pessoa bem-sucedida de uma pessoa mal-sucedida? Você provavelmente deve pensar que uma tem qualidades que a outra não tem. Muitas pessoas que conheço têm as mesmas potencialidades para o sucesso. Possuem objetivos, determinação, conhecimento. Mas o que leva uma pessoa a alcançar o êxito é a sua enorme determinação. A grande diferença não é ter ou não qualidades, mas por quanto tempo em sua vida essas qualidades estão presentes.

Isso é o que faz com que certas pessoas tenham uma produtividade maior, um retorno melhor. Elas não têm dúvidas e conseguem manter-se firmes em seus propósitos.

"Água mole em pedra dura tanto bate até que fura." Essa frase traduz perfeitamente o que faz o sucesso de muitas pessoas.

Portanto, não basta você ter as qualidades certas, é preciso fazer com que estas qualidades se manifestem com mais frequência, pois são elas que garantirão o seu êxito.

FAÇA SUA ESCOLHA:
Que bons hábitos você deve cultivar?

Ritual

Você tem hábitos pela manhã? Deve haver algo que você faz de forma repetida, todos os dias. Pode ser que você se levante e vá direto ao banheiro, ou mesmo que goste de ficar enrolando na cama após acordar. Ou pratica uma meditação, ou faz uma oração logo cedo. Talvez até tenha o costume de tomar água ou café e, depois, um banho.

Algumas pessoas têm atividades iguais a um ritual pela manhã. Um ritual que elas cumprem todo dia. Vamos olhar então para esse "ritual".

Para você ser produtivo, é muito importante que tenha rituais saudáveis. O que são rituais saudáveis? Um profissional de vendas, por exemplo, poderia manter um ritual junto ao cliente: não fazer visitas sem um estudo prévio, levar argumentos e perguntas, ter sempre uma novidade para contar etc.

Se um vendedor seguir esse ritual, ele criará um padrão de desempenho. A produtividade ocorre desta forma: criando rituais que são sequências de ações realizadas em determinadas situações.

Procure ver que rituais você guarda no seu inconsciente e organize-se para que sejam produtivos; ou crie os seus próprios de acordo com o que é melhor para você.

Os rituais nos fazem ser maiores e melhores em qualquer atividade.

Faça sua escolha:
Que rituais são importantes em sua vida?

NÃO

Vivemos em um mundo cheio de distrações. Quando chega ao trabalho, você encontra muitas pessoas se distraindo. Real ou virtualmente. Isso é comum e natural. Porém, o desafio é: como lidar com isso quando temos inúmeros afazeres? Aprendendo a dizer não.

Temos dificuldade em dizer não. Pode ser por receio de magoar, do que o outro vai pensar, ou mesmo pela própria falta de atitude. Mas quando não dizemos não, estamos dizendo sim.

Toda vez que você for interrompido, é muito importante analisar e verificar se a interrupção é apropriada ou não. Se não for, diga: "agora não posso".

Saber dizer não é dizer sim para as coisas que você precisa fazer. Quando aprendemos a dizer não para as interrupções, aumentamos o nosso foco e concentração, e, com isso, os resultados tendem a ser muito melhores.

Portanto, hoje, diga não às interrupções desnecessárias. Isso lhe dará muito mais tempo para se concentrar no que realmente vale a pena.

FAÇA SUA ESCOLHA:
Quando é preciso dizer "não"?

Delegação

Outro dia uma pessoa me perguntou se teria uma forma mais rápida de se tornar mais produtiva. Eu respondi que sim, existe uma maneira de aumentar sua capacidade de produção imediatamente! Simplesmente deixe de fazer algo para que outro possa fazê-lo. Isso se chama delegação.

Quando delegamos ou conseguimos que outro faça algo e que seja bem-feito, ganhamos tempo para investir em outras coisas. Mas, para isso, é necessário delegar da forma correta.

E qual é essa forma?

Escolha a pessoa certa e veja se ela responde bem à atividade.

Se ela topa fazer e tem capacidade, você ganhou um enorme tempo, pois supervisionar será mais rápido. Aprenda a delegar, saiba como despertar a vontade do outro e assim você terá um leque muito maior de ação e capacidade para produzir.

Lembre-se de que delegar é supervisionar – muito diferente de largar!

Largar, não; delegar, sim!

FAÇA SUA ESCOLHA:
Quem pode realizar algo por você?

DISTRAÇÃO

As mídias sociais são objeto de muita discussão. Há aqueles que abominam e os que idolatram. Uma mídia de relacionamentos como o Facebook, a princípio, pode não ter um efeito positivo para determinadas pessoas ou profissões.

Por exemplo: quantos presidentes de grandes empresas você encontra no Facebook? Raros! O máximo que agrega é quando se torna um ponto de encontro para antigos amigos.

Por outro lado, para outros tipos de negócio o Facebook é perfeito. Para empresas de comunicação, pessoas que buscam um relacionamento, ou são muito interativas, funciona bem.

Para prestadores de serviço, que podem se relacionar com clientes, ou mesmo para interagir com pessoas, como é meu caso, é um bom instrumento.

Então qual seria a questão sobre produtividade?

Quanto tempo você passa interagindo em uma mídia social?

Como hoje temos mobilidade pelos celulares, tem gente que passa o dia todo interagindo com amigos e isso é uma distração. Você perde produtividade quando tem sua atenção roubada a cada instante.

Portanto, se a mídia social é boa para você, aprenda a usá--la, não permitindo um excesso de distração e uma interrupção constante na sua vida.

FAÇA SUA ESCOLHA:
Quanto tempo eu gasto nas mídias sociais?

Livre-se das velharias

O pai de uma amiga faleceu, e ela precisava colocar a casa em ordem. Levantou tudo o que o pai tinha e descobriu que ele guardava coisas havia mais de 40 anos. Objetos completamente inúteis, como mapas de viagens, relógios quebrados, documentos sem nenhuma utilidade, entre milhares de outras quinquilharias. A vida dele tinha sido bem pesada e ele mesmo fora um homem muito complexo.

Quantos de nós temos a tendência de guardar coisas, cultivando até aquele velho raciocínio: "Talvez um dia eu possa precisar disso..."?

Quantas vezes você realmente já precisou daquilo que imaginava precisar? Quantas coisas estão acumuladas, guardadas em sua casa, em gavetas, armários, despensas ou mesmo naquele velho baú escondido?

Essas velharias são um depósito de energia parada em sua casa ou em seu trabalho. Livre-se delas! Ponha a velharia para fora!

Quando nos livramos da energia parada, a nossa vida flui e começamos a movimentar o ambiente. Você ficará mais leve.

Experimente pôr o que é supérfluo para fora e vai ver como tudo irá fluir melhor!

FAÇA SUA ESCOLHA:
Que objetos eu posso retirar da minha vida?

Abraçando tudo

Há um tipo de pessoa que volta e meia eu encontro em minha vida. São pessoas que têm a vida agarrada, presa ou travada. Observei que essas pessoas têm uma característica em comum: elas "absorvem" tudo. Elas fazem tudo que é pedido. São pessoas com uma disponibilidade tão grande que vão tomando tudo o que está ao redor.

Outro dia, por exemplo, eu estava analisando a lista de atividades do gerente de uma fábrica. Ele era do departamento comercial. Quando fomos qualificar a lista, vimos que, das 26 tarefas que ele tinha, 4 eram realmente necessárias, ou da área dele, e 22 eram atividades que ele trouxe ou que aceitou fazer, mas que na verdade nada tinham a ver com a sua função. Essa era a razão de ele estar sempre atrasado e receber *feedback* negativo sobre alguns itens de sua responsabilidade.

É certo que ajudar pessoas é importante, mas desde que não o atrapalhe.

Muito cuidado para não querer abraçar o mundo. Muitas pessoas tiveram suas vidas prejudicadas pelo excesso.

Ajudar os outros é algo nobre, mas ajudar a si mesmo é vital, e saber a dose certa de cada coisa é sinal de sabedoria.

Produtividade não significa fazer tudo, e sim fazer benfeito e rapidamente o que tem significado.

FAÇA SUA ESCOLHA:
Do que você deve abrir mão para o seu próprio bem?

MISTURAR

Você tem problemas pessoais? Sua família tem problemas? Problemas afetivos? Creio que ter este tipo de problema é comum, e como interagimos a todo momento é normal preocupar-se com as pessoas. A questão é o nível de interferência desses problemas em nossas vidas profissionais. Há pessoas que misturam tudo, o pessoal, o profissional, o sentimental etc. Chegam ao trabalho e ficam preocupadas, com a mente distante, ou mesmo permitindo ligações constantes de familiares.

Por outro lado, também existem pessoas que saem do trabalho e não conseguem ter interesse por qualquer outro assunto. Saem do trabalho, mas o trabalho não sai da cabeça delas.

Misturar as coisas é perder o foco. Pare de misturar o pessoal e o profissional. Ponha um basta nisso ou você nunca alcançará a produtividade de que é capaz e não encontrará a paz e a alegria no ambiente familiar.

FAÇA SUA ESCOLHA:
Como equilibrar o pessoal e o profissional?

Genérico

Qual é a presença do genérico em sua vida? Você deve estar pensando no medicamento genérico, não é? Mas eu me refiro hoje às palavras genéricas que não dizem nada, não contribuem em nada e só criam problemas.

Que palavras são essas que admitimos e usamos tão frequentemente?

Veja estas frases:

- "O trabalho precisa ser melhor". O que significa melhor?
- "Quero isso benfeito". O que significa benfeito?
- "Precisamos ser eficientes". O que é eficiência?

Quantas dessas frases usamos? Já percebeu que elas não dizem absolutamente nada? São termos genéricos! São palavras que dão margem para muitas interpretações. Tudo que tem muita interpretação pode gerar confusão e pouco resultado.

Pare de usar termos genéricos e peça às pessoas para fazerem o mesmo. Quando alguém chegar e disser: "Quero isso benfeito", pergunte: "O que é benfeito para você?".

Clareie a mensagem trazendo o essencial para uma execução precisa!

FAÇA SUA ESCOLHA:
O que você pode fazer para ser mais específico?

PILHOMANÍACO

Você é um pilhomaníaco? Pilhomaníaco é aquela pessoa que gosta de acumular papéis e vai empilhando-os uns sobre os outros. A tendência de acumular papéis é gerada por um pensamento básico: "Posso precisar disso em algum momento". Quando temos este pensamento ou sentimento, criamos a tendência de guardar e deixar as coisas onde estão.

Há pessoas cujo carro é um depósito de papéis e tralhas.
Há pessoas cuja mesa é o local de acúmulo de papéis.
E existem até as pessoas cujo computador é um depósito de informações inúteis.

Se quiser ser mais produtivo, é hora de se livrar dos papéis ou dos lixos eletrônicos.

Quanto menos papel, mais livre e leve ficamos. Quando trabalhamos mais leves, produzimos mais, com maior energia e em menos tempo.

Por isso, aprenda a jogar papéis e informações inúteis fora. Reserve um dia por quinzena para deletar arquivos de seu computador e se livrar de papéis inúteis. Dessa forma você será capaz de criar um fluxo mais produtivo de tarefas no seu cotidiano.

FAÇA SUA ESCOLHA:
O que você pode começar a eliminar hoje?

Desculpas

Um dos maiores problemas da inércia, da falta de produtividade e do entrave para a melhoria contínua é a desculpa. Há pessoas que são mestres nesta arte. É fácil reconhecê-las, elas encontram uma desculpa para justificar o que não vão fazer ou mesmo se esquivar.

Veja algumas frases comuns que denunciam esse hábito:

- Mas você tem que ver que.
- Eu tentei, mas não foi possível.
- Mas o pessoal do outro departamento...
- Se eu tivesse...
- O sistema não ajuda.

Caro leitor, desculpa é igual umbigo, todo mundo tem. Há desculpas que até são verdadeiras, mas que, ainda assim, são desculpas.

O grande problema com essa atitude é que não agimos. A desculpa é um motivo para a pessoa não assumir a responsabilidade para resolver algo. Enquanto estivermos com a desculpa em nossos registros mentais, certamente estaremos à mercê do mundo e das pessoas.

Assuma o controle da sua vida tomando para você a responsabilidade por tudo aquilo com que se comprometeu.

FAÇA SUA ESCOLHA:
Quais desculpas você deve parar de dar?

Pessoas Resolutas

Conheço no mundo dos negócios dois tipos de pessoas. Uma que bate na sua porta e diz que tem um problema, essa pessoa simplesmente lhe traz uma questão. Ela transfere para você a solução. Essa é a "pessoa problema". É um tipo que não pensa e quer que os outros resolvam as coisas. O outro tipo de pessoa chega com um problema, mas sugere uma solução. Este tipo de pessoa é voltada para a resolução de problemas.

No mundo de hoje, temos "pessoas problema" e "pessoas solução".

Certamente eu sei quem você prefere, e eu também prefiro: pessoas de solução. Mas minha pergunta é: Você é uma pessoa problema ou solução? Porque, se for problema, sua vida será sempre difícil e custosa; mas, se for solução, você colocará um impulso positivo fantástico em sua vida.

FAÇA SUA ESCOLHA:
Qual a sua atitude diante de um problema?

Presente no agora

Um amigo viajante resolveu passar algumas semanas num mosteiro no Nepal. Certa tarde, entrou num dos muitos templos do mosteiro e encontrou um monge sorrindo, sentado no altar.
– Por que o senhor sorri? – perguntou ao monge.
– Porque entendi o significado das bananas – disse o monge, abrindo a bolsa que carregava e tirando uma banana podre de dentro. – Esta é a vida que passou e não foi aproveitada no momento certo. Agora é tarde demais. – Em seguida, tirou da bolsa uma banana ainda verde. Mostrou-a, tornou a guardá-la e disse: – Esta é a vida que ainda não aconteceu; é preciso esperar o momento certo. Finalmente, tirou uma banana madura, descascou-a e dividiu-a com meu amigo, dizendo: – Este é o momento PRESENTE. Saiba vivê-lo SEM MEDO.

Ser produtivo é estar completamente presente e concentrado no que é preciso fazer agora.

Faça sua escolha:
Como trazer sua mente para o presente?

Amor

Amor

O CORAÇÃO TEM UM AMOR QUE O PRÓPRIO AMOR DESCONHECE

Teórico do campo morfogenético, Rupert Sheldrake foi o primeiro a propor que princípios organizadores não locais afetavam a diferenciação celular. Muitos estudiosos, como Amit Goswami, mencionam que os sentimentos estão associados com os órgãos fisiológicos. Essa é uma razão para apostar na existência dos Chacras, regiões onde os sentimentos são percebidos.

Nosso corpo funciona como um circuito onde entra e de onde sai energia. Dentro deste circuito existe polaridade. Nossas emoções estão de alguma forma no centro desse movimento, elas também se polarizam em negativas e positivas.

Ativar e reconhecer a manifestação do amor em nossa vida nas suas mais variadas dimensões é um fator de mudança e influência em todo esse circuito, e em todo o campo energético a que pertencemos.

Nos textos a seguir, o leitor será convidado a fazer releituras de sua afetividade e da maneira como expressa essa afetividade consigo e com o próximo.

A FORÇA DA FAMÍLIA

Você quer uma família forte? Quer união? Força? Amor? Imagine que é casado, casada, ou tem uma união estável: quem, depois de você, é a pessoa mais importante da sua vida? Seu filho? Seus pais? Não! É seu marido ou sua esposa. Ninguém deveria ser mais importante que seu cônjuge. Sabe por quê? Porque a força de uma família começa com o casal. Casais frágeis, família frágil, filhos frágeis.

O erro que muitos casais cometem é colocar os filhos em primeiro lugar. Os filhos se tornam fortes quando os pais são fortes. Nada deveria se colocar entre um casal.

Se você ama seu marido ou esposa, é hora de fortalecer a relação. O casal é a fonte, é a força. Quando um casal se ama e não deixa que ninguém interfira em sua relação, este casal tem condições de oferecer mais, dar mais amor aos filhos e mais atenção, simplesmente porque ele já se supriu antes. Além de tudo isso, lembre-se: um casal que age assim ensina aos filhos como devem tratar quem eles amam e como construir uma família forte.

FAÇA SUA ESCOLHA:
Qual é a pessoa mais importante para estar ao seu lado?

Metade

Você compraria a metade de um apartamento? A metade de um carro? A metade de uma calça? De um relógio? Isso é pouco provável, não é? Por que, então, muitas pessoas querem encontrar sua outra metade? Por um acaso, estão divididas? Alguém as partiu? Uma parte se perdeu ao longo da vida? A razão pela qual muitas pessoas buscam sua outra metade é a projeção de um sonho de encontrar um dia alguém que seja perfeito. Tenho uma boa e uma má notícia: a boa é que você vai encontrar uma pessoa perfeita, sim. A má notícia: ela é perfeitamente imperfeita. Todo mundo tem imperfeições. A arte de amar é escolher com quais imperfeições você está disposto a conviver. Quanto mais inteiro você se torna, mais condição tem de fazer escolhas com consciência e sabedoria. Pessoas que estão fragmentadas se desesperam pela carência e ficam com qualquer um. E sabe o que acontece? São maltratadas, usadas e, depois, jogadas fora!

Pare de procurar sua outra metade fora de você; procure dentro e transforme-se em um ser inteiro. O mundo mudará o olhar sobre você!

FAÇA SUA ESCOLHA:
Quem você realmente deseja encontrar em sua vida?

DEPENDÊNCIA

Hoje em dia não é fácil encontrar uma pessoa legal com quem temos completa afinidade e com quem possamos estabelecer uma relação duradoura. O que muitas vezes ocorre é que, quando encontramos uma pessoa assim, com a qual temos coisas em comum, resolvemos nos entregar.

A questão não é se entregar – até porque viver faz mais sentido quando nos entregamos.

O problema é que o nível de carência e o medo da perda são tão grandes que se entrega tudo. O tempo, o prazer, os momentos com os amigos, tudo!

Assim os relacionamentos ficam baseados na dependência. Um não faz mais nada sem o outro, sem o consentimento do outro, sem a anuência do outro, sem uma procuração do outro!

Dessa forma é criada a pendência contínua: o outro pendendo e você dependendo do outro. A relação se fecha, a posse é chancelada e pronto: você tem um dono ou uma dona!

Tenho a impressão de que as pessoas dependentes emocionalmente no fundo queriam um dono! Será? Será que esse é o seu destino? Esperar por um dono ou uma dona?

Creio que você é mais do que isso! Depender em algum nível é saudável, mas depender em tudo definitivamente não é.

Fuja da total dependência do outro!

FAÇA SUA ESCOLHA:
Quem é o seu dono?

Independência

Algumas pessoas se relacionam, firmam compromisso, mas vivem de tal forma que o outro nunca sabe se está namorando ou não.

Outro dia perguntei a um amigo: "E aí, está namorando?". Ele disse: "Acho que estou, não tenho certeza". Eu indaguei: "Como assim?". Ele respondeu: "Louis, estamos juntos há 9 meses... Ela disse que estamos namorando, mas realmente não sei, porque ela é tão independente. Outro dia viajou com os pais, não me avisou e voltou 3 dias depois".

Namorar, casar e manter sua independência são fatores muito importantes para criar uma relação viva e interessante, mas viver de forma totalmente independente é uma forma de excluir a outra pessoa. Incluir o outro é partilhar, trocar ideias, permitir que ele participe da sua vida.

Ser independente é saber manter os amigos, saber ter os seus momentos sozinho, mas lembrar sempre que amar é incluir o outro na sua vida.

Independência com inclusão cria integração e união.

FAÇA SUA ESCOLHA:
Até onde vai a sua independência?

Interdependência

Nas páginas anteriores deste livro falei sobre como é importante em uma relação sabermos balancear a dependência e a independência. Por isso, trago-lhes agora o fator interdependência. Quando nos relacionamos, é preciso entender a hora de depender e a hora de viver com independência. Isso traz maturidade e sabedoria.

Interdepender é respeitar o espaço e o tempo do outro. Entender sobre tempo e espaço é a grande chave para se viver bem a dois.

Existem horas em que você precisa de um tempo e o outro também. Que tempo é esse? Tempo para resolver suas coisas, viver no seu ritmo, estar com outras pessoas.

Já o espaço é outro fator crítico: pessoas precisam respirar nas suas relações; senão, sentem-se sufocadas. Elas precisam de espaço. Espaço significa rédea solta. Não prenda o outro! Quanto mais você prende, menos tem. Dar espaço ao outro é permitir, a ele ou a ela, ser quem ele é, se soltar sem ser julgado ou condenado.

Muitas pessoas com longos casamentos perderam sua espontaneidade exatamente porque não podem mais ser quem são! Traga a interdependência para a sua vida e ajude o outro a ser ele mesmo! Vocês ganharão uma relação mais verdadeira, excitante e plena de movimento!

FAÇA SUA ESCOLHA:
A interdependência faz parte dos seus planos?

LONGA CONVERSA

O que faz um casamento dar certo? Trago-lhe algumas reflexões sobrea durabilidade das relações. Será que é o sexo que faz durar? Sexo é muito importante, mas não é tudo, porque chega uma hora em que existe uma acomodação natural. Será que é ter o mesmo nível social? Sabemos que nível social não separa quem se gosta, porém são os valores, princípios que unem. Ainda assim, não será isso que manterá um casal. O que será que faz o sucesso do casal? A questão é simples. Quando você estiver mais velho, e o sexo não for a coisa mais importante e também as conquistas já tiverem sido feitas, o que vai restar? Grave bem: uma boa conversa! O segredo de um bom casamento é você gostar de conversar com o parceiro. Quando temos uma relação na qual sentimos muita satisfação em quando conversamos com a pessoa com quem estamos juntos, tudo é estimulador. Nada pode ser mais poderoso do que uma boa conversa, logo um casamento é uma longa conversa.

Se você não tem conversado muito com o seu companheiro(a), ou se isso está se perdendo, grave bem: seu relacionamento está chato! E, se é chato, ele está morrendo!

Faça sua relação despertar! Estimule as conversas!

Agora, se você não topa mais a relação e não acredita mais em uma longa conversa, é hora de pôr fim no relacionamento.

FAÇA SUA ESCOLHA:
Você quer conversar?

Amar é aceitar a transformação

Outro dia encontrei com uma amiga em um café e ficamos conversando um bom tempo. Durante esse longo período, ela me disse o quanto estava refletindo sobre a vida, pois os quatro filhos já haviam se casado, ela já tinha três netas e, agora, procurava encontrar um novo momento com o marido. Mas ela se queixava porque queria fazer muitas coisas, como aprender a pintar, fazer cursos de autoconhecimento etc., e o marido ficava sempre muito triste quando ela não estava com ele. Ela se sentia como uma pochete agarrada a ele e não podia fazer nada além de cuidar ou estar com o marido. Ela me perguntou o que deveria fazer com uma pessoa que não tinha interesse de trazer coisas novas para a relação.

Eu lhe disse: "Amiga, case de novo com ele!" Ela estranhou, mas eu completei: "Vocês não são os mesmos, a vida não é a mesma e vocês precisam encontrar-se novamente; por isso, casem novamente com novas regras, lua de mel e tudo o mais".

Amar, caro leitor, é deixar o outro crescer, dar liberdade, pois sem isso não há renovação em uma relação! Minha amiga fez o que aconselhei e hoje o casamento dela é outro!

Faça isso em suas relações, renove, comece tudo de novo!

Você terá uma relação renovada e com mais amor e respeito!

Faça sua escolha:
Você tem disposição para começar tudo de novo?

SEXO GERA ENERGIA

Muitas relações vão perdendo com o tempo o gás e a energia. Que combustível nós podemos colocar em uma relação para que isso também nos retroalimente? Sexo! Sexo é pura energia! O grande problema do sexo, depois de um tempo, é a mesmice. Alguns até já se acostumaram com isso, mas é necessário entender que a brincadeira, a sedução e o charme renovam as relações.

Porém, muitos me perguntam: como trazer de volta a energia sexual para as relações?

Simples: basta você parar de ver o sexo como uma relação imediata e começar a vê-lo como uma relação mais prolongada. O que quero dizer é que uma relação curta é tirar a roupa e fazer sexo; uma relação longa é, por exemplo, você, homem, seduzir sua mulher ao longo do dia para tê-la à noite; e você, mulher, provocar seu homem, fazer alguns joguinhos criativos ou românticos que o envolvam para alimentar o desejo de ambos.

Despertar e manter o desejo do outro não é algo que se faz rapidamente, mas sim é um processo que se vai criando e alimentando a energia do casal.

Portanto, troque o sexo instantâneo pelo sexo profundo, longo, e renove as suas energias.

FAÇA SUA ESCOLHA:
Como você quer colocar o sexo em sua vida?

Sexo e sensualidade

Outro dia eu estava conversando abertamente com um casal. A esposa reclamava do marido, pois ele queria fazer sexo e ela, às vezes, estava sem vontade. Eu perguntei ao marido o que ele pensava. Ele disse que ela era muito fria. Como eles eram um casal aberto e estavam querendo resolver essa questão, resolvi investigar. No meio da conversa, a mulher me solta uma observação interessante.

Ela disse: "Olha, Louis, meu marido fica me criticando e me chamando de fria, mas, sinceramente, quando ele põe aquele pijama velho com a calça caindo porque o elástico soltou eu perco toda a libido".

Caro leitor, os dois deram muita risada quando ela disse isso, mas houve uma poderosa lição que deixo para você. À medida que nos relacionamos com as pessoas, vamos nos acomodando, achando que o outro não percebe mais as coisas e que é capaz de gostar de nós de qualquer forma.

Isso não é verdade! Nós precisamos estar atentos e colocar nossa sensualidade na relação de tempos em tempos. Quando somos sensuais, estamos querendo dizer ao outro:

"Gosto de você, você é importante, quero continuar te encantando".

Isso fortalece a relação e ativa a sexualidade!

FAÇA SUA ESCOLHA:
Você está disposto a conquistar diariamente?

AMAR É...

Você já parou para pensar no que é amar? Existem muitas definições. Daria para escrever diversos livros. É uma palavra tão ampla que deixa a todos, até mesmo filósofos, perplexos diante de sua vastidão e complexidade.

Eu gosto muito de crianças e acredito fortemente que, devido à sua inocência, são seres mais próximos de Deus, e por isso mais capazes de decifrar ou esclarecer questões que, para nós, adultos, são tão complexas. Dessa forma, um dia, encontrei uma criança brincando em um parque e perguntei a ela: "O que é amar?" Imaginei que ela se recusaria a responder, ou que me daria uma resposta singela. Mas não foi o que aconteceu. Ela me olhou nos olhos e, sem pensar muito, respondeu: "Amar é dar."

Confesso que essa é a resposta mais profunda que já escutei sobre o amor. Simplesmente dar. Simplesmente se disponibilizar, ver o outro, mostrar que ele também é importante! Olhe quantas coisas foram ditas em uma curta frase.

Amar é dar!

....
FAÇA SUA ESCOLHA:
Onde está o amor em sua vida?
....

AS FORMAS DE AMOR DOS ANIMAIS

O gato e o cachorro têm formas diferentes de se relacionar. Eu tive cachorros durante um tempo em minha vida, chegava em casa e eles faziam uma festa. Era pura alegria. Vinham, pulavam em mim. Eles vêm na hora em que a gente quer. Como se estivessem disponíveis a todo momento. No entanto, tenho dois gatos em minha casa hoje. Quando chego em casa, eles não fazem a festa que os cães faziam. Tem momentos em que nem querem ficar perto, mas são bichinhos extremamente carinhosos e afetuosos. Dão amor de outra forma.

Seria insano da minha parte, conhecendo o comportamento e a natureza desses seres, esperar que o gato venha a mim na hora em que eu quero e faça uma festa. Ou mesmo esperar que o cachorro não pule em mim.

Da mesma forma que não espero comportamento de gato no cão, e de cão no gato, não posso esperar que as pessoas tenham o comportamento que eu quero. As pessoas também não manifestam o amor de forma igual. Cada pessoa tem seu jeito especial de ser.

O problema é que queremos que elas manifestem o amor delas do nosso jeito e esquecemos que elas têm o seu jeito próprio.

Aceite a maneira como cada pessoa ama, respeite isso e verá que o amor pode se manifestar de formas até mesmo inimagináveis.

FAÇA SUA ESCOLHA:
Como você irá lidar com o jeito de amar do outro?

EU TE AMO

Às vezes o amor que se dá pesa demais, quase como uma responsabilidade na pessoa que o recebe. Eu tenho essa tendência geral para exagerar, e resolvi tentar não exigir dos outros senão o mínimo. É uma forma de ter mais paz. Há pessoas que dão, mas cobram. O amor delas é como se fosse dívida, em que ela cobra do outro cada centavo em troca ou retribuição. Um telefonema que o outro deixou de dar já é motivo para questionar se existe amor ou não. Algo como se o amor do outro se esgotasse em horas. Essa cobrança traz um peso para as relações. Mude. Saia dessa. Isso só traz dor para você e para o outro.

Fique de vez em quando só, senão será submergido. Até o amor excessivo pode apagar uma pessoa. Aprender a ficar sozinho é aprender a dar espaço para o outro e não sufocar a relação.

A arte de amar é a arte de praticar a leveza consigo mesmo e com os outros.

FAÇA SUA ESCOLHA:
O que fazer para dar leveza ao "eu te amo"?

Regras e regras

Na vida é natural e quase automático seguir determinadas regras. Ainda pequenos, começamos a aprender o que podemos e o que não podemos fazer ou falar em determinados lugares, como andar na rua, como pedir, como agradecer, como se desculpar, afora uma imensa lista de outras coisas cotidianas. Porém, às vezes, sem a gente perceber, encaramos essas sugestões/opiniões/conselhos como normas rígidas, e acabamos seguindo-as à risca, como se não tivéssemos outra opção.

O resultado, em muitos casos, é que acabamos inventando um monte de regras para os relacionamentos. Quantas vezes nos remoemos por dentro querendo ligar para alguma pessoa, mas não o fazemos "senão ele(a) vai pensar que sou isso ou aquilo"? Quantas vezes escolhemos criteriosamente o que vamos dizer durante um encontro para passarmos a impressão de sermos pessoas corretas, dignas e interessantes?

Existem também regras para quando dizer "eu te amo", quando pedir em namoro, quando fazer sexo pela primeira vez, quando apresentar o(a) namorado(a) para a família.

São tantas regras, para tanta coisa, que podemos acabar vivendo conforme uma espécie de manual. Que tal ficar só com as regras essenciais? Faz bem sair da rotina, faz bem transgredir de maneira saudável, faz bem agir mais com o coração do que com a razão.

Tente fazer este exercício: deixe que os seus sentimentos ditem as regras, e seja feliz!

> **FAÇA SUA ESCOLHA:**
> *Quais regras lhe trazem a paz e o amor?*

SOLTEIRICE

Outro dia uma pessoa reclamou: "Poxa, estou solteiro há muito tempo e estou triste e infeliz". Eu lhe disse: "Você podia estar namorando". Ele me respondeu, meio bravo: "Até quero, mas com quem?". E eu disse: "Com você mesmo, oras!".

Caro leitor, muitas pessoas estão solteiras, mas podem ocupar seu tempo curtindo a si mesmas. Parece estranho? Mas não é! Por que não ir ao cinema com você?

Por que não ir passear com você? Almoçar ou jantar com você? Se divertir?

Se você não for uma boa companhia para você mesmo, como será para outra pessoa? Se você não se aguenta, por que alguém irá aguentá-lo?

A capacidade que temos de curtir a nós mesmos aumenta o nosso amor próprio.

Isso não significa se isolar, ou parecer que se vive um momento egoísta, mas, profundamente, estar em conexão amorosa com você.

Pessoas que se amam sabem amar os outros.

Pessoas que se respeitam sabem respeitar os outros.

Portanto, não se preocupe com a solteirice! Transforme-a em namorice!

Namore você, curta você, afinal, toda referência de mundo é você mesmo!

FAÇA SUA ESCOLHA:
De quem você deve estar mais a fim?

FATOR ADMIRAÇÃO

O que faz com que uma relação perdure? Além do sexo, que é fundamental na maioria dos casos, o que quero trazer é o fator crítico de uma relação duradoura: a admiração. O que segura, encanta, faz um querer aprender com o outro é a admiração. Ela excita! O que mais vi ao longo de minha vida foram casais se separarem porque um perdeu a admiração pelo outro. Alguns até permaneciam juntos, mas com relações onde ambos tinham casos extraconjugais.

Conquistar a admiração do outro é aprender a ser um aprendiz, trazer coisas novas, é ser um realizador em sua vida profissional. Admiração vem pelo que somos e fazemos.

Mulheres que não têm atividades profissionais ou pessoais, como esperam ser admiradas? Somente pela dedicação ou beleza? Isso é pouco, simplesmente porque estas mulheres são mais do que isso!

Torne-se seu melhor! Realize-se! Movimente seus talentos e verá como será mais admirado pelas atitudes, conversas, posicionamentos e realizações.

A admiração mantém a relação!

FAÇA SUA ESCOLHA:
Como pretende despertar a admiração do outro?

FATORES DA RELAÇÃO

Aqui estão sete fatores que unem ou separam pessoas em relacionamentos íntimos:
- Química corporal – Há pessoas que lhe dão tesão e você a elas. Isso é química. Muitos relacionamentos terminam porque acaba a química.
- Atração física – O físico influencia muito, pois algumas pessoas se excitam pelos olhos. Portanto, cuide para que seu corpo seja atrativo de alguma forma.
- Conversa – O papo, o assunto, o conteúdo têm que interessar. Eles precisam ser os mesmos. Isso é um fator de envolvimento e evolução do casal.
- Valores – Um relacionamento só se mantém se os valores forem similares. O casal precisa ter princípios parecidos.
- Nível de ambição – Se um quer crescer muito e o outro não, não vai dar certo. O nível de ambição precisa estar bem ajustado.
- Estrutura de vida – Há pessoas cuja vida é só trabalho e isso às vezes impede a continuidade da relação.
- Família – A família pode ajudar ou atrapalhar. Se um não se integra com a família, uma coisa é certa: problema eterno!

FAÇA SUA ESCOLHA:
O que você pretende fazer para equilibrar os sete fatores?

Cada instante

Quando você lê esta palavra "amor", imagina que vou falar sobre relação a dois!
Sim; na maioria dos casos, é nisso que muitos pensam. Mas quero dar um sentido mais amplo, como a palavra merece:
Amor é a coragem da entrega. Aprender a amar é o exercício de fazer tudo com absoluta entrega.
Vai ler um livro, entregue-se!
Vai visitar um cliente? Ame esse momento!
Vai prestar um serviço? Ame realizá-lo.
Vai estar com amigos? Ame esse momento!
Vai dirigir na estrada? Ame o momento!
Tudo que existe é o agora. Passado e futuro são desvios mentais! O agora é tudo em sua vida. Se você coloca toda sua entrega no que está fazendo agora, de coração, com muita vontade, isso é amor também!
Sabe o que acontece com pessoas que colocam amor em tudo que fazem? Fazem benfeito!
As coisas ganham significado!
Tudo se movimenta! A vida tem sentido!
Portanto, tome seu dia de hoje como exercício de amor, faça cada atividade ser especial! Ponha amor em cada ação!
Você verá que a vida é muito mais preciosa e generosa do que podia imaginar!

FAÇA SUA ESCOLHA:
Quanto amor você coloca em cada ação?

Gentileza

Precisamos não confundir gentileza com educação ou romantismo. Não se trata de dizer "bom dia", "com licença" ou "por favor". Nem se trata de mandar flores, preparar um jantar à luz de velas ou puxar a cadeira para uma mulher se sentar. Tudo isso é lindo, ótimo e quanto mais você fizer, melhores serão seus relacionamentos, sem dúvida.

Mas, ainda assim, não se trata de gentileza! Gentileza é enxergar o outro de verdade. É escutar mais e falar menos. É ponderar no momento em que ele não concorda com você. É não revidar.

É não disputar para ver quem fala mais alto. É conseguir abaixar a cabeça no momento em que todos querem ter razão. Sabe aquela hora em que os ânimos estão exaltados, a briga está prestes a começar e você consegue respirar fundo e propor um consenso? Isso é gentileza! Gentileza, caro leitor, é ser bem mais fiel ao que você sente do que ao seu orgulho, à sua vontade de parecer seguro, ou sua autossuficiência inabalável. Gentileza é, por fim, ser tão gente quanto qualquer outra pessoa, seja ela quem for.

Seu comportamento diário mostra quem você é e o que pensa da vida! Seja gentil!

FAÇA SUA ESCOLHA:
Que importância você dá para a gentileza?

Dinheiro

Estamos falando de uma energia em movimento.

Um neurônio espelho, conhecido como célula-espelho, é um neurônio que dispara quando um animal observa outro animal a cometer o mesmo ato. Dessa forma, o neurônio imita o comportamento de outro animal como se estivesse ele próprio a realizar essa ação. Esses neurônios já foram observados de forma direta em primatas, e acredita-se que também existam em humanos e alguns pássaros.

Alguns cientistas consideram esse tipo de célula uma das descobertas mais importantes da neurociência da última década, e existe a crença de que estes possam ser de importância crucial na imitação e aquisição da linguagem.

O dinheiro pode ser visto como uma forma de energia que traduz a maneira como uma pessoa lida com sua vida. A forma como ela vê o ganho, o lucro e o movimento produtivo da vida influencia nas respostas da vida. O dinheiro é uma troca de energia, fruto de trabalho e remuneração, mas poucos prestam atenção no que se passa dentro da mente de cada ser humano. A relação mental com o dinheiro é como um espelho. O que acontece dentro repercute fora.

Nos textos a seguir, o leitor será instigado a ver a relação com o dinheiro de forma mais construtiva.

HÁBITOS

Muitas pessoas pensam em ganhar dinheiro, em ficar ricas, ou garantir o futuro.

Isso é nobre e muito louvável, mas a pergunta é: como chegar lá?

Uma pesquisa feita pela Universidade de Harvard, nos Estados Unidos, com mais de 200 milionários que não tinham nada no começo da vida, revelou algo muito interessante. Essas pessoas tinham o hábito de pensar como ricas antes de serem ricas. Elas faziam coisas que já eram consideradas de pessoas ricas. Isso não significa que gastassem como ricos, até porque não tinham nada. Mas pessoas de sucesso têm hábitos que as levaram ao sucesso. Pessoas que fracassam também têm hábitos de sucesso.

Cabe então a pergunta: Já que ambos possuem o mesmo hábito, por que uns fracassam e outros prosperam? Simples: pessoas de sucesso têm hábitos constantes de sucesso e pessoas de fracasso, não. Elas não têm disciplina, não têm persistência e, sem esses fatores, não se cria nada.

Enquanto você ficar oscilando – ora é determinado, ora não é; ora tem disciplina, ora não –, não vai figurar no grupo das pessoas que obtêm sucesso no que fazem.

Lembre-se de que os hábitos saudáveis fazem nosso sucesso e o dinheiro é naturalmente consequência disso!

FAÇA SUA ESCOLHA:
Quais hábitos você precisa cultivar?

OBJETIVO FINAL

Qual é o seu objetivo financeiro para o final de sua vida? Hoje você vende seu tempo para obter dinheiro. Já pensou que é isso o que faz? Então o que você deseja no fim da vida, quando o seu gás já não for o mesmo? Muitas pessoas não pensam nisso, mas quero que você pense. O objetivo mais interessante que escutei até hoje foi: ter uma renda passiva. O que é renda passiva? É ser remunerado sem ter que vender seu tempo trabalhando.

Não seria fantástico? Pois bem, para que isso aconteça, você precisa focar em construir o que lhe trará essa renda. Pode ser investindo em alguma coisa, sendo sócio de alguém, comprando ações que gerem dividendos, imóveis, etc.

Quando ao longo da vida temos a capacidade de ver à frente, ganhamos mais condições de construir para nós mesmos um futuro melhor.

Lembre-se de que, a cada dia, você está deixando um futuro para você. A questão é: será um futuro de tranquilidade ou de desespero?

A decisão é sua. Trabalhe para que não se arrependa e tenha o conforto que merece. Construa uma renda passiva e faça a diferença em seu futuro!

FAÇA SUA ESCOLHA:
Como você planeja seu futuro?

CONTROLE A CRIANÇA

Você precisa aprender a controlar a criança interior para ter dinheiro! Segundo correntes da psicologia, o conceito de ser adulto tem a ver com controlar o impulso de querer algo. Quando queremos comprar um sapato e não conseguimos controlar esse impulso, nossa criança decidiu fazer a compra. Quanto mais impulsivo, mais criança somos.

Por isso muitas pessoas recebem o salário no início do mês e logo já saem às compras.

Imagine uma criança de 35 anos com um cartão de crédito ou débito nas mãos? Essa é a razão pela qual muita gente gasta tudo o que ganha.

Conheci uma consultora que, em determinados meses, recebia 3 mil reais, dava conta de todas as despesas e ainda economizava dinheiro; mas, em outros meses, recebia 10 mil reais e gastava tudo.

Isso é o que ocorre com muita gente que vive apertada. O problema é a criança interna que quer gastar. Enquanto não houver o desenvolvimento do lado adulto, que controle esse impulso, não vai sobrar um centavo.

Se você quer que comece a sobrar mais dinheiro, ative o adulto que há em você.

Treine ter controle sobre os impulsos de gastar, isso pode mudar a dinâmica financeira de sua vida.

FAÇA SUA ESCOLHA:
Quem está no comando? O adulto ou a criança?

Centro de lucro

Você provavelmente já presenciou cenas ou ouviu frases do tipo: "Depois que pegar no dinheiro, lave as mãos!".

É claro que higiene é muito importante, principalmente nos dias de hoje, mas o propósito dessa frase não é a questão da higiene. Muitos de nós consideram, no seu íntimo, o dinheiro como coisa suja, ou o tratam de forma pejorativa, chamando-o de bufunfa, grana, dim-dim, etc. Pessoas de sucesso e com boas condições financeiras tratam o dinheiro como algo sagrado. E é como ele deve ser tratado. Dinheiro é uma energia em movimento. O valor em si não está na nota ou na moeda, mas na maneira como você lida com os ganhos e as perdas em sua vida. E a vida é cheia de ganhos e perdas. Quando ganha? Quando trabalha, investe.

Quando perde? Todo dia você está perdendo com despesas, impostos etc. Só para nos mantermos vivos já gastamos, isso faz de nós um "centro de despesas".

Imagine! Se já somos um "centro de despesas" e vemos o dinheiro como algo raro ou sujo, o que será que vamos ter na vida? Só dificuldades!

Portanto, pare! Mude! Aprenda a dar valor ao dinheiro, aprenda com as pessoas que valorizam o que têm e principalmente aprenda a ser um centro de lucratividade e ganho na sua vida.

Quem sabe você começa a ter mais ganhos do que perdas? Seja um centro de prosperidade!

Faça sua escolha:
O que você deve fazer para lucrar?

Estilo de Vida

Eu conheci uma mulher que era faxineira, ganhava um salário de 750 reais e mais uns 200 reais com "bicos". Essa mulher, ao longo da vida, morou em uma casa adequada ao seu padrão financeiro e, assim, conseguiu juntar dinheiro. Hoje ela tem mais de 50 mil reais de reservas após 45 anos fazendo economia.

O que quero mostrar é simples. Por que pessoas não conseguem juntar dinheiro? Será que é porque não ganham muito? Não! O problema principal é que vivem fora da sua condição de vida. As pessoas que querem passar uma imagem de algo que elas ainda não são em termos financeiros pagam um custo alto por isso: estão sempre apertadas e devendo.

Qual é o segredo para sobrar dinheiro? Não é gastar menos, mas viver de acordo com a sua realidade. Só assim vai sobrar e um dia você melhorará o seu padrão de vida. Quando já se tem um padrão de ganhos maior, tudo bem esbanjar de vez em quando, mas lembre-se da regra: só se consegue juntar se aprender a viver dentro da sua realidade financeira.

Sua forma de viver a vida influencia diretamente no que sobra no fim do mês.

> **Faça sua escolha:**
> *Qual realidade você quer viver?*

O QUE FAZER COM A SOBRA?

Muitas pessoas conseguem economizar dinheiro. Isso é bom, e também é muito importante pensar no que fazer com esse dinheiro.

Vou deixar para você duas formas de pensar. A forma rica e a forma pobre.

Existem aqueles que, quando sobra dinheiro, compram produtos que desvalorizam. Produtos como roupas, relógios, etc. Esse é o pensamento pobre, pois se investe em coisas que dão prazer imediato. Há pessoas, entretanto, que, quando sobra dinheiro, investem em algo que pode dar frutos. Por exemplo: compram ações, dão entrada em algum bem etc. Esse é o pensamento rico.

Essa é exatamente a diferença entre a forma rica e a forma pobre de pensar: pessoas que pegam suas sobras e gastam com coisas que valorizam e geram renda serão as pessoas que em muito pouco tempo terão um patrimônio. Com patrimônio, terão muito mais condições de alcançar melhores padrões de vida.

Lembre-se de que as oportunidades são construídas pelo poder que temos. Quem tem dinheiro atrai oportunidades para ganhar mais.

Invista a sobra de seu dinheiro em coisas que valorizarão o seu futuro!

FAÇA SUA ESCOLHA:
Qual é o destino da sua sobra?

O OUTRO LADO DA RIQUEZA

Encontrei certa vez com um ouvinte do meu programa diário de rádio em Belo Horizonte e ele me fez a seguinte pergunta: "Quero muito ser próspero, ter dinheiro para não ficar com a angústia de trabalhar para pagar contas, que conselho você me daria?".

Você quer riqueza material? Simples. Riqueza material com honestidade é efeito, é consequência de outras coisas. Se quiser uma planta saudável, tem de cuidar das raízes e regá-las. Quais são as raízes da riqueza? São seus pensamentos, seus sentimentos, suas palavras e atitudes.

Seus pensamentos têm riqueza? São prósperos? Eles contemplam um mundo melhor e o progresso? Seus sentimentos são positivos ou você está sempre sendo uma vítima do sistema, culpando os outros por terem o que você não tem? O que sai da sua boca é rico? É positivo? Agrega? Ou são somente reclamações? Suas atitudes são prósperas? Você age sempre fazendo o melhor que pode ou é do tipo que se esforça pouco?

A prosperidade e a riqueza vêm de dentro, não de fora. O dinheiro é consequência do que se pensa, sente, fala e faz todo santo dia!

Produza riqueza dentro de você, e a diferença no fluxo de dinheiro virá ao longo dos anos.

FAÇA SUA ESCOLHA:
O que você está plantando em sua mente?

Inspiração

Outro dia eu andava pelo centro da cidade e vi uma cena interessante. Uma pessoa bem vestida passava pela rua quando foi abordada, a distância, por uma mulher que pedia dinheiro. A pessoa seguiu em frente e a mulher saiu xingando a pessoa de riquinha, safada, sem-vergonha.

Quantas vezes, no Brasil, os brasileiros são estimulados a ver pessoas bem-sucedidas como vilãs? Pessoas bem-sucedidas admiram pessoas bem-sucedidas. Muitos de nós com uma mentalidade pobre têm ressentimento de quem é bem-sucedido e possui dinheiro.

Se quisermos avançar e ter o merecimento do dinheiro, precisamos parar de aceitar a ideia de que ser pobre é ser honesto. Honestidade não tem a ver com mais ou menos dinheiro, tem a ver com caráter. Essa ideia falsa que governantes propagam de que os pobres precisam de alguém que cuide deles é pura manipulação. Na verdade é uma forma de dividir as classes e não incentivar que as pessoas se inspirem em quem chegou lá.

Por isso, caro leitor, não caia na armadilha de ter ressentimento ou raiva de quem tem alguma coisa. Inspire-se e aprenda com pessoas que chegaram lá.

Talvez um dia você seja essa fonte de inspiração, se já não for!

Jogue fora a inveja – isso não traz dinheiro!

FAÇA SUA ESCOLHA:
Qual é a sua fonte de inspiração?

Oportunidade

Certa vez, um fazendeiro encontrou seu cavalo caído em uma vala funda. Tentou de todas as formas tirá-lo de lá e, quanto mais tentava, mais o cavalo afundava. Muito triste por ver seu cavalo agonizando, decidiu sacrificá-lo. Começou a enterrá-lo ali mesmo. Jogou terra e, conforme a terra vinha, o cavalo se mexia. Impressionado, ele percebeu que quanto mais terra jogava, mais o cavalo transformava aquilo em uma oportunidade de subir. Até que conseguiu sair da vala.

O que isso tem a ver com dinheiro? Pessoas ricas veem problemas e dificuldades como oportunidades; no entanto, pessoas com mentalidade pobre sempre enxergam os obstáculos e nada mais – e permanecem neles. Ficam presas nos problemas e só falam deles.

Nossa vida é um presente inesperado. Podemos não ter controle sobre muitas coisas que acontecem, mas podemos aprender a lidar com elas.

Você tem controle absoluto sobre seus pensamentos e atitudes, portanto, comece a enxergar oportunidades nos desafios e problemas.

Isso é pensar como rico. Isso é próspero, assim como é o universo.

> FAÇA SUA ESCOLHA:
> *Como vencer o seu próximo desafio?*

ÍMÃ

Como funciona um ímã? O ímã é um campo de força que atrai algo para ele.

Nós também temos um ímã que atrai. Há quem seja um ímã de coisas boas. Só lhe acontecem coisas legais, a sorte chega fácil, arruma vaga para estacionar na porta, troca de namorado com facilidade, o dinheiro vem fácil, oportunidades batem à porta! Mas existe gente que é ímã de coisas ruins. Só atrai problema, bate o carro, perde documentos, é perseguido no trabalho, o cliente trata mal etc.

Que tipo de ímã você é?

Se é o que atrai coisas ruins, é porque reclama muito, lamenta muito, vive como vítima, sempre procura culpados, acha o dinheiro algo duro e difícil de ter.

Se é do tipo que atrai coisas boas, certamente este comportamento não faz seu estilo. Portanto, leitor, viva esta vida para ganhar e não para perder. Ganhe seu dia, ganhe amigos, ganhe experiência, ganhe sabedoria, ganhe confiança.

São centenas de ganhos, desde que decida viver para ganhar. Quem pensa assim vira uma ímã de coisas boas e, com elas, o dinheiro também é atraído.

FAÇA SUA ESCOLHA:
Qual é o seu ímã na vida?

SOBRE PROBLEMAS

Você tem problema? Eu tenho, meus amigos têm e acredito que você também tenha. O problema em si não é a grande questão, mas sim a dimensão que você dá para ele.

Pessoas com mente pobre, quando têm um grande problema pela frente, veem isso como uma dificuldade, já que, se o problema é grande, elas se tornam pequenas.

Pessoas ricas não fogem da adversidade, não reclamam; elas simplesmente sabem que são maiores que isso e, portanto, agem. Quando você vê que é maior que o problema, ele naturalmente passa a não ser tão grande assim.

Se quiser trazer prosperidade e abundância à sua vida, veja que tamanho você está conferindo aos seus problemas.

Grandeza atrai grandeza!

Passe a se ver maior, dê crédito a você, conquiste a si mesmo, torne-se um mestre em resolução de problemas e verá que viver a vida é bem mais fácil do que parece ser.

> FAÇA SUA ESCOLHA:
> *Que tamanho você dá aos seus problemas?*

Remendos

Um amigo resolveu fazer uma reforma na área de serviço de seu apartamento. Contratou um pedreiro e iniciou a obra por própria conta, pois seria mais econômico. Separou 20 mil reais para a reforma. Quando abriu o piso, viu que teria que consertar um encanamento. Assim foi remendando tudo o que aparecia simplesmente porque queria economizar. Ao terminar a obra, a área estava com um escoamento de água incorreto. O reparo ficou em 15 mil reais. Mas os remendos não resolveram: o escoamento, ao longo de meses, gerou uma infiltração no vizinho de baixo. Assim, ele teve que contratar um empreiteiro que cobrou 10 mil reais para consertar tudo, e ainda foi o orçamento mais barato!

Leitor, hoje falo sobre riqueza de pensamento. Quando for fazer algo em sua vida, faça direito, faça por completo, ou não faça. Pessoas com pensamentos pobres fazem puxadinho, arrumadinho, e o custo passa a ser muito maior do que podemos imaginar.

Traga grandeza à sua vida. Se tiver que esperar para fazer algo direito, espere e faça.

FAÇA SUA ESCOLHA:
Vale a pena fazer remendo?

MOLEZA

Riqueza é usar os próprios talentos. Muitas pessoas ficam procurando encontrá-los. Jovens fazem testes para descobri-los. Quando usamos nossos talentos, tudo é mais fácil, mas a pergunta é: Como saber quais são nossos talentos? Leitor, vou lhe dar a resposta mais clara, simples e fácil para essa pergunta: Talento é tudo o que você faz sem dificuldade. Aquilo que para você é moleza! Você deve estar pensando: "Mas é só isso?". Eu lhe digo: "É!". Quem tem talento aprende com facilidade, faz aquilo sem esforço, sem drama!

Você deve então estar pensando: "Ah, Louis, então eu tenho um monte de talentos, pois sei fazer com facilidade um bocado de coisas". Eu lhe digo: SIM. Todo mundo tem um monte de talentos e não percebe que os tem.

Riqueza é usar seus talentos a seu favor e a favor de quem se beneficia disso! Quando usamos nossos talentos, a vida fica mais fácil, melhor e prazerosa. A gente se sente rico de energia! Isso é riqueza pura! Energia pura!

Comece hoje a observar em que você é bom, o que faz com facilidade, e aí estará a oportunidade de dar um maior sentido para a sua vida!

FAÇA SUA ESCOLHA:
Qual talento você quer despertar em sua vida?

Resultado

Todas as pessoas que trabalham querem receber sua remuneração. A forma como lidamos com a remuneração tem a ver com o pensamento de riqueza ou o pensamento de pobreza. Tem a ver com garantia ou oportunidade.

Pessoas com pensamento de pobreza querem ser remuneradas pelo tempo que passam se dedicando a alguma tarefa. Isso lhes dá segurança. Já pessoas ricas pensam de forma diferente. Elas querem ser remuneradas por seus resultados. Quem pensa dessa forma prefere o risco. Prefere ousar ganhar mais, mesmo sabendo que pode perder. Elas acreditam em seu próprio potencial de produção. Não é à toa que muitas pessoas dão saltos na vida, simplesmente porque não toleram mais ser remuneradas por horas trabalhadas, e sim por sua produtividade.

Muitas empresas pensam dessa forma e recompensam seus colaboradores exatamente por essa atitude.

Deixo uma reflexão: Quer ganhar mais? Então arrisque! Caso contrário, ficará onde está e não vai adiantar reclamar, certo?

FAÇA SUA ESCOLHA:
Como você quer ser remunerado?

Pensamento rico

Veja mais algumas diferenças entre os que pensam como ricos e os que pensam de forma pobre. Temos muitas escolhas na vida e, quando temos de optar por algo, são comuns dois tipos de comportamento: Um vê a escolha como uma opção. Ou isso ou aquilo. Ou seja, considera que não pode ter as duas coisas. Esse é o pensamento pobre, pois é restrito e não abre novas possibilidades.

Já o pensamento rico é diferente. Quando surge o momento da escolha a pessoa pensa: "Quero ter as duas coisas, por que não ter as duas?" Assim a mente começa a pensar em possibilidades para adquirir as duas coisas.

Veja que, durante toda a nossa vida, seremos colocados diante de escolhas. Pensar grande é admitir a possibilidade de ter tudo. O universo é abundante, assim como a natureza.

Nossa vida também pode ser, desde que criemos espaço para que as coisas aconteçam.

Quer ter pensamento rico?

Pessoas ricas pensam assim: "Como devo agir para ter as duas coisas?".

> FAÇA SUA ESCOLHA:
> *Quanta riqueza você quer colocar em seus pensamentos?*

Estímulo

Todos nós queremos nos dar bem na vida! Para isso precisamos saber ancorar o sucesso financeiro com consciência, ou seja, saber o que estamos fazendo e quais são as consequências. Existe uma técnica muito simples baseada no estímulo-resposta. Toda resposta que queremos em nossa vida é manifestada por meio de um estímulo. Por exemplo: quero acumular 50 mil reais. Veja, essa é a resposta que você quer. Minha pergunta para você é: qual é o estímulo que você dará para que isso ocorra?

A diferença entre aquele que consegue atingir uma meta e o que não consegue é o estímulo.

Tem gente que consegue se estimular a fazer economia ou trabalhar com afinco, e tem gente que se estimula por um tempo e depois desiste. Eis aqui a diferença entre quem faz acontecer e quem fala muito e faz pouco. Manter-se estimulado continuamente é o segredo para se atingir o objetivo. Aprenda a criar os estímulos certos para você e verá como as respostas virão mais rapidamente.

Faça sua escolha:
Em quais estímulos você pretende se concentrar?

Foco

Pegue uma lupa e deixe-a fixa refletindo o Sol em uma folha. Em breve, a concentração do calor e da energia solar colocará fogo no papel. Veja, leitor, é isso o que ocorre com muita gente que tem um objetivo na vida. A rotina e o dia a dia trazem um monte de distrações que vão desviando o nosso foco. Pode ser o problema de um colega, a necessidade de socorrer um familiar, comprar uma blusa que nem pensava em comprar, mensagens, e-mails legais etc. São muitos os fatores que nos levam a perder o nosso foco maior, não é?

Por isso que há pessoas que trabalham, ganham seu salário e, no fim do mês, não têm mais nada. É como ter a lupa e ficar brincando com ela na mão. Ou seja, é tirar todo o foco da concentração do trabalho e do seu objetivo. Se você tem um objetivo e quer abundância em sua vida, lembre-se de manter sua lupa focada. Não perca sua energia com distrações desnecessárias.

Abundância é uma conquista!

FAÇA SUA ESCOLHA:
Qual é o seu foco?

Sorte

Você é uma pessoa de sorte? Todos nós temos sorte, mas nem sempre em todas as coisas que gostaríamos. Por exemplo, na maioria das vezes, tenho sorte com vagas. Outro dia, estava indo a um evento e uma amiga me recomendou parar algumas quadras antes. Eu disse que preferiria parar na porta. Ela disse: "Mas está cheio!". Eu insisti que queria ver a entrada. Quando chegamos à porta do evento, saiu um carro exatamente no momento em que eu passava. Entrei e estacionei. Até hoje minha amiga não entende o que ocorreu.

Não são todas as vezes que consigo, mas na maioria das vezes sim. O que é isso? Quando mentalizamos ter sorte, ela muitas vezes se manifesta. Mas precisamos fazer isso sem culpa e sem cobrança. A sorte começa quando damos boas-vindas a ela. Quando alguém fala: "Eu só tenho azar, isso só acontece comigo, só faltava essa!", isso apenas contribui para que o infortúnio e o azar se manifestem.

Passe a se considerar uma pessoa de sorte! Comece a ver as pequenas sortes que tem: pode ser um amigo, seu companheiro ou companheira, seu emprego, o trabalho, sua saúde. São muitas as sortes que temos. Quando ficamos bons em sermos sortudos, o dinheiro também começa a vir para nós como uma sorte grande!

> FAÇA SUA ESCOLHA:
> *Quão aberto você está para a sorte?*

Relacionamentos

Tudo na vida, de certa forma, passa pelos relacionamentos

Segundo Danah Zohar, "o aspecto-partícula da matéria quântica dá origem aos indivíduos, ao passo que, de alguma forma, podem ser apontadas e às quais pode-se atribuir uma identidade. O aspecto-onda dá origem aos relacionamentos entre esses indivíduos por meio do entrelaçamento das funções de onda".

Nem sempre podemos escolher as respostas e reações dos outros nas relações, mas podemos escolher as nossas.

A maneira como reagimos afeta diretamente a relação pela percepção do outro.

Nos textos a seguir, o leitor será convidado a escolher a maneira como quer se relacionar com as pessoas a sua volta.

PARE DE FALAR MAL

Em nosso planeta, sentimos claramente a manifestação da Terceira Lei de Newton em alguns contextos: toda ação tem uma reação igual e contrária. Se você dá um soco na parede de concreto, vai sentir o impacto e suas consequências. Pois bem, a mesma coisa ocorre nas relações humanas.

Existe alguém de que você não gosta muito, que o aborrece, persegue ou incomoda? Se houver, observe o que sai de sua boca sobre ele. Nós temos uma tendência natural de falar mal dos outros e até achamos isso normal.

Outro dia, uma amiga estava falando mal de um colega de trabalho e eu disse: "Pare de ficar falando mal!". Ela retrucou: "Mas não estou falando mal, ele é assim mesmo!".

Quando falamos mal, primeiro produzimos uma energia ruim dentro de nós. Dessa forma, você já está fazendo mal a você. Depois ainda envolvemos outra pessoa nessa energia negativa. E, por fim, prepare-se, porque o que vai volta. É lógico que existem pessoas com que precisamos tomar providências e resolver questões, até aí, tudo bem; mas o problema reside quando insistimos no hábito de falar mal.

Então a minha pergunta é: Compensa, para você, falar mal?

Grave bem: mal é tudo aquilo que não contribui com a moral e imagem do outro. Pare de falar e fazer mal a qualquer pessoa. Isso é digno; difícil, mas é o mais saudável!

FAÇA SUA ESCOLHA:
De quem você quer parar de falar mal?

Grandeza desinteressada

O mundo moderno está baseado em interesses. As pessoas se relacionam por interesses. Isso começa desde cedo, na escola, e se estende pela vida profissional. Enquanto esse padrão de comportamento reinar soberano, teremos as pessoas sempre se relacionando com base apenas nos seus interesses. Essa é a base do egoísmo.

Não adianta dizermos para alguém se interessar sinceramente, pois uma pessoa, quando quer fazer negócio com a outra, pode ter um interesse "sincero" e fazer um bom negócio para si. Sinceridade não elimina o egoísmo, grave bem isso. Quando as pessoas lhe recomendam interessar-se pelo outro sem interesse, isso não garante a verdade na relação. Essa é a razão pela qual as pessoas somente pensam nelas e em seus interesses próprios. Você é diferente dessas pessoas?

Eu o convido a pensar diferente. Que tal se interessar pelo outro desinteressadamente? Isso mesmo! Soa estranho, não é? Mas essa é a ideia. Conversar, conhecer uma pessoa sem ter nenhum propósito senão conhecê-la de verdade. Esqueça se vai encontrá-la de novo, esqueça-se de trocar cartões, esqueça-se de seus interesses e o que essa pessoa pode agregar em sua vida. Simplesmente concentre-se na conversa. Você vai ver o quão interessante cada ser humano pode ser.

Isso dá um nó no sistema egoísta em que vivemos e traz um sentido humano real para as relações.

Faça sua escolha:
Você consegue se interessar de forma desinteressada?

VOCÊ NO OUTRO

Uma conhecida estava tomando café comigo na Cidade Nova, em Belo Horizonte, e se queixava do pai. "Ah, Louis, meu pai fala demais! Agora que me dei conta do quanto, ao longo dos meus 35 anos ele dominou a conversa! Nunca deu espaço para eu falar! Ou falava sobre suas ideias e sonhos, ou desabafava. Meu pai adora encontrar um ouvido para ele desabafar. Eu às vezes me canso, perco a paciência e ele vem e diz: 'Nossa, mas você está tão sem paciência!'. Aí que me irrito mais ainda! O que faço com isso?"

Eu disse a ela: "Estou ouvindo você há 40 minutos; ora suas ideias; ora seu desabafo!". Ela respondeu: "Mas você está insinuando que sou igual ao meu pai?". Eu rebati: "Nossa, mas você se irrita fácil, hein?". E ela admitiu: "Isso me irritou, sim!".

Passado mais tempo de conversa ela percebeu que repetia, de alguma forma, o comportamento que criticava no pai. Essa é a arte de se relacionar. É com outras pessoas que a gente aprende sobre si mesmo. Não adianta acreditar que tudo vai ser perfeito e maravilhoso nas relações humanas. A realidade é que, repito, aprendemos sobre nós quando nos relacionamos com os outros. Por isso, esteja atento e aberto a enxergar um pouco de você nas outras pessoas. Se tiver um mínimo de boa vontade, você verá e, assim, aprenderá.

FAÇA SUA ESCOLHA:
Com quem você pretende aprender?

Beleza única

Certa vez ministrei um *workshop* para cerca de 120 pessoas. O hotel estava movimentado. As pessoas, ávidas para aprender sobre como criar um ambiente positivo de trabalho. Então, eu dei um limão para cada pessoa e pedi para que olhassem para ele com olhos de águia, vendo cada detalhe, deixando marcado na mente e na memória as características daquela fruta. Muitos viram coisas interessantes: beleza, textura etc. Logo depois recolhi e misturei os limões em uma grande caixa. Uma pessoa de fora disse: "Ninguém vai achar mais nada". Bem, não foi isso o que aconteceu. Todos acharam seu limão. Surpresos, eles perceberam que haviam se concentrado no que era único naquela fruta. Assim é o ser humano. Não existe um ser igual ao outro. Cada um é único e tem a sua própria beleza.

Enquanto não formos capazes de nos concentrar de verdade no que é único e belo em cada um, vamos nos relacionar sempre pela superficialidade e pelo interesse.

Ver a beleza e a bondade alimenta os ambientes e influencia as pessoas.

FAÇA SUA ESCOLHA:
Quão aberto você está para a beleza e a bondade dos outros?

Assuma a Responsabilidade

Quem escolheu as pessoas que fazem parte do seu círculo de amizades? Quem conquistou as pessoas que fazem parte do seu círculo profissional? As pessoas que estão à sua volta? As pessoas de sua família? VOCÊ.

Gostando ou não, somos nós que trazemos tudo o que está na nossa vida. Um simples sim ou não determina isso. Sendo assim, existe uma postura muito ruim para a sua saúde, que é ficar buscando culpados para tudo de ruim que acontece com você. Isso é muito comum e às vezes fazemos sem perceber.

Enquanto buscamos os culpados, o que é uma coisa fácil, nos colocamos automaticamente como vítimas. Aí fica difícil estar no comando da própria vida, não é mesmo?

Então, somente por hoje, observe se você assume o papel de vítima ou de responsável.

Abaixo à vítima! Viva a responsabilidade!

....
Faça sua escolha:
Você é vítima ou responsável?
....

Falsas Aparências

Você já ouviu estas frases: "O que importa é parecer ser!", "A primeira impressão é a que conta!". Vamos analisar as duas, começando pela última.

As pessoas realmente julgam pela primeira impressão, mas cansei de ver gente que causa uma ótima primeira impressão e não a sustenta, da mesma forma que vi pessoas causarem uma péssima primeira impressão e depois se mostrarem muito melhor, surpreendendo a todos.

Portanto, vale a pena pensar: "preciso causar uma primeira impressão?". Porque, se sim, você está se baseando em um modelo do sistema social de conveniência e marketing. Isso, por um outro lado, não justifica ser desleixado, não se preocupar e depois reclamar da imagem que as pessoas estão tendo.

Enquanto você estiver concentrado nas aparências, em parecer ser, naquilo que os outros pensarão, certamente estará mais desconectado de si mesmo.

Por isso eu lhe trago uma ideia: pare de querer ser o que não é! Aprenda a ser você mesmo. E ser você envolve cuidar, planejar, projetar o seu melhor de forma honesta.

Quando você é você mesmo nas suas ações, não precisa ficar conferindo sempre o que os outros estão pensando.

Faça sua escolha:
Você tem sido espontâneo nas suas relações?

Trate as pessoas como adultas

A maneira como tratamos as pessoas tem um impacto nos relacionamentos. Você já presenciou adultos tratando adolescentes como criança? Ou mesmo fazendo comparações esdrúxulas que beiram o ridículo? Essa é a forma com que algumas pessoas tratam as outras, com menosprezo. Você já recebeu esse tratamento? Como reagiu? Pergunte aos adolescentes! É importante tratar todas as pessoas com dignidade. Independentemente da faixa etária.

Essa história de que o outro ainda tem muito o que aprender na vida é papo de adulto com baixa confiança e que precisa aparecer.

Nas empresas ocorre o mesmo! As tarefas, às vezes, são dadas como se o outro fosse uma criança e não tivesse capacidade de escolher, pensar ou questionar. Essa é uma das razões da falta de motivação dos funcionários.

Trate as pessoas como seres humanos!

....
Faça sua escolha:
Como você tem tratado as pessoas?
....

VENTILADOR

O mundo de hoje é digital. O futuro passa inevitavelmente por aí. Há dez anos você usava e-mail? Com que frequência? Tinha o hábito de escrever cartas? Conversava e encontrava com amigos? Hoje, se você está no *Facebook*, ou em qualquer outra rede social, interage muito mais com as pessoas do que antigamente. E a tendência é só aumentar.

Por que digo isso? Porque você passa a ser um ventilador. Cada pessoa é um ventilador na rede social. Ventilador é o instrumento que sopra e espalha tudo. Algumas pessoas espalham bobagens, outras espalham ataques, fofocas e mentiras. No entanto, existem pessoas que espalham utilidade, senso e relevância.

Primeiro eu gostaria que você analisasse: o que você espalha na sua vida com o que diz? Segundo, o que coloca nas mídias sociais? Tudo aquilo que você espalha no mundo define quem você é. Alguém útil ou inútil!

A decisão é sua!

FAÇA SUA ESCOLHA:
O que vale a pena distribuir?

Pare de buscar aceitação

Na sociedade em que vivemos existem algumas induções que levam ao sofrimento. Vou falar de uma delas. Hoje em dia o que mais se fala é que você precisa saber se relacionar para ter uma carreira bem-sucedida. Ok, em parte isso é importante mesmo, mas há um problema: a ideia de que precisamos ser aceitos pelas pessoas. Quando a pessoa começa a querer agradar para ser aceita, ela pode até ter sucesso, mas se torna uma hipócrita.

Nossas relações estão cheias de pessoas falsas, interesseiras e que querem agradar para conseguir coisas ou serem aceitas. Isso nunca vai ser uma premissa para uma relação saudável.

Uma boa relação se constrói com base na verdade. Nem sempre você será aceito, querido, ou mesmo valorizado. Mas é preciso entender que as pessoas têm o direito de não confiar em você, de não o estimar, e você tem todo o direito de continuar sendo você, sem o uso de artifícios.

Não é preciso se aborrecer com isso, saiba entender e continuar a convivência de forma educada. Mas, repito, faça o melhor que puder sendo você mesmo.

Quando entender que ficar agradando as pessoas o afasta de você mesmo, irá encontrar uma paz enorme para lidar com esse mundo diverso e imprevisível.

Faça sua escolha:
Quem você precisa ser?

Eu, você, ele e nós

Falando em termos de trabalho, já percebeu que não sabemos usar algumas palavras em nossa vida? Existem 4 palavras básicas que fazem toda a diferença nas relações: Eu, você, ele e nós. Quando usamos o eu? O eu é fundamental quando você quer assumir a responsabilidade. Eu estou pedindo isso. As pessoas que não querem assumir responsabilidades usam: "Nós queremos isso!". A palavra "você" é fundamental quando você quer que o outro entenda que isso é com ele e mais ninguém. O "você" nomeia e dá responsabilidade ao outro.

O "ele" é importante também. É necessário falar "ele" quando algo é do outro, mas o problema é que citamos o outro sem ele saber. Os fofoqueiros sabem bem do que estou falando.

Por fim, temos o "nós" que usamos quando efetivamente é algo em equipe, onde você e todos estarão envolvidos.

Portanto, qual é a questão? Muita gente usa o "nós" porque tem medo de dizer "eu", diz "eles" quando deveria dizer "você", entre muitas outras situações.

Saber usar o pronome correto o torna consciente e responsável pela forma como lida com as pessoas.

FAÇA SUA ESCOLHA:
Eu? Você? Ele? Nós?

Liberdade nas Relações

Nas nossas relações pessoais e profissionais, somos de alguma forma condicionados a exercer o controle. Quando crianças, fomos controlados e monitorados para o nosso próprio bem, mas muitas vezes a medida desse controle não foi correta. Quando se controla demais, dois tipos básicos de reação acontecem. Uma de dependência: muitas pessoas aprenderam a ser dependentes de seus pais, de relacionamentos, de chefes, amigos etc. Quem é dependente também quer a dependência do outro! Quem é controlado também quer de alguma forma controlar. A outra reação é a independência. Evidenciada na reação de jovens que se rebelam com suas famílias querendo simplesmente a liberdade.

O mesmo ocorre com os relacionamentos. Pessoas que não se prendem a ninguém, profissionais que não se fixam em nada. Temos então, como consequência desse sistema de controle social a que fomos submetidos, os dependentes e os independentes.

Eu proponho uma atitude diferente. Traga à sua vida o lado interdependente. O interdependente é aquele que sabe onde deve ser dependente e onde deve ser independente, e pode, até mesmo, lidar bem com situações simultâneas.

O interdependente não fica no extremo da passividade ou da rebeldia, ele torna-se uma pessoa capaz de agir com equilíbrio de acordo com a situação.

Faça sua escolha:
Qual é o nível de dependência em sua vida?

PARE DE MENTIR

Se você quer construir relações verdadeiras, que lhe tragam paz de espírito, preste atenção: vou falar sobre mentira. Se pararmos para analisar com profundidade, vivemos um mundo com uma base fortemente construída na mentira. Mentimos por vários motivos, até mesmo para nos proteger.

Mentimos para os nossos filhos, colegas, funcionários, fornecedores, clientes etc. Você pode pensar que não mente. Não vou questioná-lo, leitor, mas eu admito que já menti muito. Não foram mentiras que prejudicaram alguém, mas eram mentiras.

Uma vez estava atrasado no aeroporto e menti para ser atendido mais rápido; já menti para ter mais crédito bancário; e, olhe, foram muitas as mentirinhas. E você? Já mentiu? Continua com mentirinhas em sua vida? Inventou desculpas para justificar faltas e atrasos?

Caro leitor, somente iremos evoluir como nação quando reconhecermos que mentimos e decidirmos acabar com esse vício. A mentira é uma doença, um vício, assim como a bebida e o cigarro. Perceba a partir de hoje se você é uma pessoa que mente, como eu mesmo já fui.

Quando paramos de mentir de forma definitiva, mudamos a nossa energia, aumentamos a nossa confiança e passamos a viver a vida de cabeça erguida.

Mude tudo! Experimente!

FAÇA SUA ESCOLHA:
Quando você irá parar de mentir?

Cautela

Uma conhecida minha era mestre em dizer as coisas de forma indireta. Ela conseguia fazer uma pessoa assumir um erro sem se ofender. Há muitas situações em que isso é útil, principalmente diante de pessoas muito reativas, que não escutam ou são briguentas. É até uma forma de você se preservar. Por outro lado, ficar a todo momento dando indiretas para as pessoas pode atrasar ou até mesmo impedir a evolução da relação, ou da pessoa. Por isso, de vez em quando é melhor que uma verdade seja dita de forma mais clara do que ficar dando indiretas.

Quando colocamos o coração nas palavras, sabemos como dizer as coisas mais difíceis de uma forma que não magoa. Logicamente ninguém gosta de escutar algumas verdades, mas elas são necessárias.

Quando você sentir que é a hora de dizer alguma verdade para alguém, preste atenção em um ponto crítico: mantenha-se ao lado da pessoa e diga com todo o seu coração: "O que você está fazendo não é legal, mas estou aqui para lhe dizer isso e ajudar você".

Quando você se posiciona junto da pessoa, ela percebe que você quer ajudar e não apenas criticar. Então grave bem: é melhor uma verdade dita com amor e respeito do que indiretas!

F A Ç A   S U A   E S C O L H A :
Qual verdade precisa ser dita com amor?

COMO FAZER AMIGOS?

Ter amigos é algo importante. Conforme envelhecemos, são os amigos que preenchem a nossa vida. Quando somos jovens, eles nos possibilitam novas e diferentes visões de mundo. Portanto, fazer amigos é importante.

Mas, na realidade, não se faz amigo dizendo: "Quer ser meu amigo?". Não adianta também forçar uma intimidade que não existe. As amizades começam quando conhecemos alguém e percebemos alguma afinidade de gostos e interesses comuns, a ponto de querermos nos encontrar de novo com a pessoa. Conforme você convive mais com aquela pessoa, a intimidade aumenta e você passa a conhecê-la melhor. O tempo vai reforçando uma história que vocês criaram e você passa a aceitar aquela pessoa independentemente dos seus interesses. Isso é amizade, meu caro leitor.

Por isso, podemos até chamar os outros de amigos, mas é preciso entender que verdadeiros amigos são aqueles que vão sendo feitos ao longo da vida.

Assim, é importante que você esteja aberto a novas pessoas, pois o novo conhecido de hoje pode ser o velho amigo de amanhã.

FAÇA SUA ESCOLHA:
Como você pode ampliar sua rede de relacionamentos?

Elogio espontâneo

É muito comum você ouvir que o elogio é algo importante e deve ser sincero. Sim, isso é verdade, mas hoje quero lhe provocar a ir um pouco mais além. Mesmo o elogio sincero pode ser algo planejado para alguma finalidade. Vivemos em mundo de cobranças por resultados e o elogio, muitas vezes, mesmo sendo sincero, pode ser uma ferramenta de manipulação emocional das pessoas para a obtenção de determinados resultados.

As relações humanas dificilmente terão uma base forte enquanto forem submetidas a essas coisas. Por isso sugiro experimentar o elogio espontâneo. Ele é aquele que não é programado, não foi estudado, pedido, nem exigido. Ele simplesmente veio da sua vontade de dizer algo a alguém.

O elogio espontâneo vem de dentro, a outra pessoa sente com muito mais verdade. Ele é autêntico porque veio de você, não porque alguém lhe pediu que fizesse.

Por isso lhe peço: adote o elogio espontâneo, mas faça isso de coração, deixe isso vir naturalmente. Quanto mais você permitir que o elogio espontâneo se manifeste em sua vida, mais você verá o quanto podemos criar ambientes de felicidade para as pessoas de forma honesta e verdadeira. Isso pode mudar tudo.

Faça sua escolha:
Você está aberto ao elogio espontâneo?

LIÇÃO OU MISSÃO

Quando falamos de relacionamentos, falamos de duas situações específicas entre pessoas que se gostam. Relacionamento se dá por lição ou por missão.

Muitos casais se relacionam por lição. Eles têm algo a aprender um com o outro. Este aprendizado se dá de muitas formas, com experiências agradáveis e desagradáveis, idas e vindas, amor e ódio, brigas e encantamentos, sempre experimentando os dois lados de uma relação, tirando suas lições e evoluindo. Mas existem casais que estão juntos por missão. Juntos eles estão construindo algo. Essa missão é ampla. Missão tem a ver com dar uma contribuição ao mundo. Casais nesse nível não têm desgastes em sua relação porque não precisam disso – eles potencializam um ao outro. Um se soma ao outro, e eles ficam mais fortes.

Certamente muitas pessoas querem um relacionamento de missão, mas nem sempre a escolha é nossa. É o estado de maturidade em que nos encontramos que define isso.

Portanto, aceite seu estado e não procure a pessoa perfeita para você. Aprenda de forma perfeita nas imperfeições da vida para que possa sempre dar o próximo passo em direção ao que você é.

FAÇA SUA ESCOLHA:
Você deseja assumir a realidade de sua relação?

MÃO QUE LAVA A OUTRA

Vivemos em um mundo competitivo, dinâmico e onde todos estão correndo em busca de algo. Muitas vezes é natural encontrar pessoas que só pensam nelas e veem todos como uma ameaça e inimigos. Você conhece gente assim? Será que é um deles? Bom, existe também o outro lado: aqueles que querem ajudar as pessoas e se dão além da medida. Conhece gente assim também?

Apresento uma pequena sugestão para lidar como o mundo competitivo: quer subir na vida? Ajude as pessoas. Quem ajuda é ajudado. Essa é uma lei universal.

Por outro lado, saiba que você não é mula e as pessoas não são carroças para você ficar colocando todo mundo nas costas, principalmente familiares acomodados. Tudo tem limite. Saiba colocá-lo.

É importante que você partilhe seus conhecimentos com quem se interessa, e até forme sucessores no trabalho que realiza. Muita empresa hoje só promove quem deixa bons profissionais em seu lugar. Crescer junto e construir boa reputação com colegas sendo prestativo pode ser uma enorme diferença no desenvolvimento de uma carreira.

FAÇA SUA ESCOLHA:
Quem você quer ajudar hoje?

ELIMINE PENDÊNCIAS

Vamos falar agora de relações humanas sob o prisma do mercado financeiro. Imagine que cada pessoa que você conhece é uma conta bancária. Essa conta é o quanto essa pessoa lhe deve pelo que você fez por ela. Quanto mais fazemos, mais aumentamos o saldo. O inverso também é verdadeiro. Quanto mais as pessoas fazem por nós, mais temos dívidas com elas.

As relações são como contas bancárias. Essa é a razão pela qual muitas pessoas são bem assistidas quando precisam. Já percebeu que essas pessoas são queridas e todo mundo faz uma enorme questão de ajudar? Isso ocorre porque o saldo dessa pessoa é alto. Muitos já foram ajudados por ela.

Por isso, peço que faça uma reflexão sobre suas relações. Você é uma pessoa cheia de créditos ou de dívidas com os outros? Se está cheio de créditos, ótimo! Continue sendo assim, pois isso é altruísmo. Quando precisar, verá como é bom ter crédito. Agora, se você está cheio de dívidas com outros, é hora que começar a trabalhar para mudar isso. Passe a diminuir suas dívidas e aumentar seus créditos. Sabe como? Simplesmente fazendo mais pelos outros, sendo disponível e querendo honestamente ajudar as pessoas.

O banco das relações de sua vida será saudável e próspero.

FAÇA SUA ESCOLHA:
Como você quer deixar o crédito das suas relações?

PROMETA E CUMPRA

Você já parou para analisar a quantidade de coisas que fazemos hoje? Vivemos em um momento de hiperinformação. Isso influencia hábitos e costumes. Quando passamos a ter o hábito de assumir muitas coisas, temos dificuldade em dizer não. E o não é uma palavra muito importante. Por que digo isso? Porque o que mais vejo são pessoas se comprometendo com uma grande quantidade de coisas e não conseguindo cumprir, simplesmente porque resolveram aceitar tudo.

Isso afeta as relações e a imagem das pessoas mais do que imaginamos.

Neste mundo dinâmico, só prometa se realmente tiver certeza de que poderá cumprir.

É algo simples, não é? Mas as pessoas têm dificuldade em lidar com isso.

Quer conquistar credibilidade? Prometa e cumpra!

FAÇA SUA ESCOLHA:
Como você pode conquistar credibilidade?

Fale menos

Papagaio fala muito, mas voa pouco. O mesmo acontece com algumas pessoas na vida profissional. Temos que lidar sempre com a expectativa da empresa, do sócio, chefes... Quando falamos além da medida, podemos criar problemas. Como construir uma carreira exemplar em que as pessoas possam perceber nossas qualidades? Fale menos e faça mais.

Há quem até faça muito, mas depois acaba se gabando do resultado. Isso tira o valor do que foi feito, já que o que vem da boca do outro tem mais poder do que o que sai de sua própria boca.

Isso não justifica trabalhar sem inteligência. Você deve, sim, deixar as pessoas perceberem o que fez, mas sem precisar falar sobre isso.

Não seja arrogante. Ações são mais poderosas do que palavras e o vento sempre sopra de forma favorável para as pessoas de ação, que fazem acontecer. Mais cedo ou mais tarde serão reconhecidas e valorizadas.

Menos, às vezes, é mais.

FAÇA SUA ESCOLHA:
Como você pode fazer mais com menos?

Bem-estar

Bem-estar é estar bem

David Bohm é considerado um dos maiores pensadores da nova física. Na sua teoria sobre um universo dinâmico e criativo, ele aborda a "totalidade da ordem abrangente". O que significa isso? Para ele, o que nós percebemos fisicamente é apenas uma parte do todo. O que é visível explicitamente é uma mínima parte do todo implícito.

Quando falamos em bem-estar, imaginamos o que é aparente em nossas vidas, como o corpo, os sentimentos, conforto, entre outras coisas concretas ou mais fáceis de mensurar. No entanto, existem fatores ocultos que precedem o explícito "bem-estar" e que, muitas vezes, negligenciamos.

Tratar do que vem antes, do fator gerador sutil, pode nos levar a um estado de bem-estar mais consciente e prolongado.

Nos textos a seguir, o leitor será convidado a fazer escolhas em sua vida para uma construção mais efetiva do todo, de modo a gerar mais bem-estar.

Corpo cansado ou mente cansada?

Você é do tipo que precisa malhar e detesta academia? Ou você não se importa com isso? Você se sente culpado por não continuar algo que começou? A tendência do nosso corpo, com o passar dos anos, é de se acomodar. Os músculos vão relaxando e naturalmente cedendo.

As pessoas se preocupam com a aposentadoria do trabalho, mas você já parou para pensar na aposentadoria física? Pesquisas apontam que a perspectiva de vida está aumentando. Como estará o seu corpo quando você envelhecer? Por isso, eu lhe peço: não canse da vida, pois ter um corpo saudável é dizer sim para a vida. O corpo saudável lhe oferece melhor condição de trabalho, criatividade e entusiasmo. Até mesmo faz você ter relacionamentos mais estimulantes.

Coloque atividades físicas na sua vida, nem que seja subir escadas.

Deixe seu corpo vivo, pois isso lhe trará bem-estar quando tiver mais idade.

FAÇA SUA ESCOLHA:
Você quer vitalidade quando envelhecer?

Pensamentos Viciados

Tenho um amigo que cismou que estava sendo lesado nos negócios. Tomávamos um chopp e ele ficou por volta de duas horas falando sobre isso. Alguns meses depois nos reencontramos e ele novamente tocou no assunto. Dois anos depois estávamos em uma festa e ele falava da mesma coisa. De forma assustadora, percebi então que ele tinha pensamentos repetitivos, e não era o único, muitas pessoas também têm.

Um pensamento viciado é aquilo que fica na sua cabeça por mais tempo do que deveria. É um pensamento com prazo de validade vencido. Ou seja, foi importante o tempo que você gastou e investiu pensando, mas agora não tem mais nenhum efeito positivo, representa apenas uma repetição chata dentro da sua cabeça e no ouvido dos outros.

Perceba se você está com algum pensamento viciado e jogue fora tudo aquilo que não vale mais a pena remoer. Isso o deixará certamente mais leve.

FAÇA SUA ESCOLHA:
Qual pensamento vale a pena ter?

ACORDAR BEM

Você é do dia ou da noite? É muito comum as pessoas associarem quem acorda cedo como sendo a pessoa que trabalha duro, que vai prosperar. Essa não é uma verdade completa. Perceba que cada pessoa tem um biorritmo, ou seja, um ritmo particular de vida.

Há quem acorde cedo cheio de energia. Normalmente essas pessoas produzem bem pela manhã e vão perdendo o vigor ao longo do dia. São pessoas que tendem a dormir mais cedo.

Por outro lado, existem pessoas que sofrem para acordar cedo, levantam com menos pique e vão ao longo do dia aumentando a sua energia. Algumas chegam até mesmo no ápice no início da noite, quando elas produzem mais.

Não se pode impor um estilo de vida para alguém. Os problemas surgem quando você está em uma atividade que exige o contrário do que você é. Assim, recomendo que, caso você não se adapte aos horários da atividade que tem, mude de atividade ou tente adequar melhor os seus horários. Se optar por mudar de atividade, esteja consciente do que está fazendo, pois não adianta também abrir mão de algo de que gosta, que tem relevância para você. Se optar por ficar, abra mão de alguma coisa para ajustar seus horários e melhorar seu sono.

O segredo, no fim das contas, é dormir e acordar bem.

FAÇA SUA ESCOLHA:
O que você deve fazer para acordar bem?

Humor

Viver a vida com notória seriedade é como se tivéssemos apenas uma cor de roupa para escolher. Imagine o mundo de uma só cor, como seria monótono! O colorido muda as sensações. O humor tem o mesmo efeito no cérebro. Se ativarmos nossa capacidade de interpretar positivamente os fatos, os problemas, a vida se tornará muito mais leve.

Um amigo me contou que passou por momentos difíceis quando foi diagnosticado com um câncer de próstata. À medida que ele narrava as etapas que passou e as interpretações que teve, só me restavam lágrimas nos olhos, mas de tanto rir. Ele conseguiu levar uma situação difícil com leveza e bom humor e isso tornou tudo mais fácil. Precisou retirar a próstata e foi uma cirurgia muito bem-sucedida.

Tudo o que acontece na nossa vida nos dá a oportunidade de refletir, então sugiro que traga mais leveza para a sua vida, deixe o humor fazer parte dela. Ria até sua barriga doer, dance como se ninguém estivesse olhando e ame as pessoas que têm significado em sua vida como se fosse sempre uma despedida. Assim colocamos mais vida na própria vida.

FAÇA SUA ESCOLHA:
O quanto você se permite rir?

O SAGRADO

O que é mais sagrado para você em termos de bem-estar? Muitas vezes nos sentimos bem quando conseguimos repor as nossas energias. Sem essa reposição, o incômodo, o aborrecimento e as irritações podem nos consumir com muito mais facilidade. Onde você repõe sua energia? Sua resposta pode ser na igreja, no trabalho, junto da natureza, mas quero lhe apresentar o lugar mais sagrado para você fazer isso: A SUA CASA! É lá que você repõe as suas energias! Você pode até dizer que sua casa tem muitos problemas e brigas, mas qual a sua contribuição nisso? Você é daqueles que levam todos os problemas para dentro de casa? Sempre cria caso com a família? Tudo é motivo para discussão? Se isso ocorre, francamente, você é destruidor do sagrado. Do lar sagrado. Se você tem familiares que são assim, é hora de ajudá-los, aos poucos, e com carinho, a sair dessa frequência destruidora.

Para isso, deixo aqui uma ideia que pode ajudar a manter O LAR SAGRADO com uma fonte de energia: crie, junto com sua família, uma lista do que não deve existir no lar; faça um acordo em uma reunião de família, discuta sobre isso e deixe as pessoas falarem.

Faça então uma carta de princípios em seu lar e torne-a uma fonte sagrada de reposição de energia para todos que ali vivem.

FAÇA SUA ESCOLHA:
Como você pretende deixar seu lar mais energizado?

Seus olhos

Qual é o seu mundo? Você vive num mundo de luta? De dor? De alegria? Sofrimento? Um mundo que está piorando ou um mundo que está progredindo? Existem muitos mundos. Mas qual é o seu? Seu mundo é para onde você direciona seus olhos. Se quiser olhar para o errado, para o negativo e continuar somente se concentrando nisso, tudo bem; é sua escolha. Mas, se quiser olhar para a infinidade de coisas boas que acontecem na sua vida, você vai se surpreender.

Segundo a neurociência, os olhos trazem, o coração sente e a mente transforma em realidade. Cada vez que olha para o belo, o bom, o justo, mais você cria sentimentos positivos e estes mesmos passam a influenciar seu estado mental. Hoje em dia, ter saúde mental é imprescindível.

E o que é ter saúde mental? É ter uma mente fluida e não viciada.

Por isso lhe recomendo que, somente por hoje, veja a beleza, as coisas boas e certas que tem em sua vida ou que as pessoas fazem. Reconheça isso verbalizando o que vê. O segredo todo é verbalizar, pois, quando o fazemos, reconhecemos, e, quando reconhecemos, tudo passa a existir com mais significado.

Lembre-se: seus olhos são seu mundo; para onde você os direciona, cria-se a realidade!

Faça sua escolha:
Em que direção você quer olhar?

AÇÃO E FALAÇÃO

Caro leitor, existe frustração quando se cria muita expectativa. Quem mais cria expectativa em sua vida? Normalmente é você mesmo! Você cria expectativa quando começa a fazer um monte de promessas, muitas delas não são cumpridas, e com isso, gastamos energia e ganhamos frustração.

O problema principal é que fazemos promessas "mecânicas" para nós mesmos. Criamos metas, mas não ativamos a nossa vontade de agir e assim criamos ainda mais frustrações.

Veja três exemplos do que fazemos e como podemos mudar esse cenário:

Pare de fazer regime ou dieta, isso é frustrante. Trate de alimentar-se melhor, fazendo um cardápio equilibrado.

Não vá à academia simplesmente porque alguém lhe disse ou exigiu que fosse. Vá por você. Ou encontre algo que lhe dê prazer para exercitar o corpo.

Pare de ficar falando tudo que vai fazer neste ano. Quando falamos, a energia dedicada àquilo se vai, portanto é melhor mostrar o que fez do que ficar falando do que vai fazer.

Quando nos tornamos mais realizadores e menos faladores, criamos um bem-estar interno que é gerador de mais ação.

Mais ação, menos falação!

> **FAÇA SUA ESCOLHA:**
> *Quando você precisa agir mais e falar menos?*

Vida moderna

Um estudo da Universidade McMaster e do Instituto de Pesquisa em Saúde do Canadá revelou que viver nas grandes metrópoles reduz a qualidade de vida. Quem mora na zona rural vive mais e melhor do que quem mora na zona urbana. O estudo se iniciou em 2005, mas ainda não chegou ao fim. O estudo ainda relatou que viver nas grandes cidades contribui para o aumento do colesterol, da pressão arterial, da obesidade e do sedentarismo. Todos esses fatores são responsáveis pelas doenças cardiovasculares e pelo diabetes. As primeiras são as principais responsáveis pelas mortes por derrame e infarto. No caso do Brasil, o colesterol alto é o maior responsável pelo infarto, que atinge 400 mil brasileiros por ano. Noventa por cento das doenças cardiovasculares poderiam ser evitadas com mudanças de estilo de vida. A vida sedentária, a exposição a altos índices de poluição e o estresse nas grandes cidades são prejudiciais.

O ser humano moderno criou um ambiente propício para o desenvolvimento de doenças. Além de respirar um ar contaminado, ele aumentou o consumo de calorias ingeridas e optou por um cardápio rico em alimentos industrializados e com excesso de sal. O ser humano é como o peixe: muitas vezes morre pela boca, pelo que come.

Quer viver mais? Coloque alimentos saudáveis no estômago, pois também morremos e vivemos pelo que comemos!

FAÇA SUA ESCOLHA:
Como você deseja se alimentar?

QUALIDADE DE VIDA

Eckhart Tolle, famoso escritor, disse em seu livro *O despertar de uma nova consciência*: "Quando uma pessoa passa a não perceber a existência que ela própria é, costuma preencher a vida com coisas".

Qualidade de vida envolve muitas coisas, mas quero destacar uma em particular: viver o momento. As pessoas pensam que estão vivendo o momento, mas não estão. É fácil detectar isso: quando pensamos no passado, ele nos traz sempre os mesmos sentimentos: remorso, raiva, tristeza, saudade, frustração, decepção. Quando pensamos no futuro, a ansiedade chega fácil. Portanto, veja onde sua mente está a maior parte do tempo.

Hoje em dia, como sofremos com prazos, cobranças, é fácil cair na tentação de ficar preocupados e remoendo coisas. Perceba seus pensamentos hoje, agora, neste instante! O que o preocupa? O que o deixa ansioso? Observe onde está a sua mente!

Qualidade de vida é ter uma mente saudável, uma mente que pensa, que cria e produz sentimentos positivos em nós, e dificulta, assim, o negativo, os dissabores, o que já ficou no passado. Mas lembre-se: é sua escolha optar por qual pensamento irá dirigir a sua vida. O agora é a única coisa que realmente existe.

FAÇA SUA ESCOLHA:
Onde está o seu pensamento?

Desacelerando

Você sabe relaxar em situações de grande expectativa? Todos nós vivemos com expectativas: uma reunião importante, um novo amor, uma venda que pode sair, um trabalho novo. O que eu gostaria de lhe recomendar nestes casos é adotar uma postura leve e não deixar que a ansiedade atrapalhe o seu desempenho.

Quando temos expectativas, o coração pode ficar disparado, a cabeça a mil, a boca seca e o intestino pode não trabalhar direito. Esses são alguns sinais de nervosismo diante de situações que exigem um bom desempenho ou o cumprimento de uma expectativa. O problema é que as sensações provocadas pela expectativa atrapalham o seu desempenho, e consequentemente o resultado. Quando ficamos muito ansiosos, deixamos, por vezes, de sermos nós mesmos, e a chance de algo dar errado aumenta simplesmente porque você se desconectou de si mesmo.

Uma boa prática que conheço para manter a calma é respirar fundo e ir desacelerando. Se nesses momentos você puder se concentrar em simplesmente soltar o ar, você muda a velocidade do seu sistema.

Por isso, nessas horas, solte a expectativa em sua respiração e verá que o domínio vem com o relaxamento.

Faça sua escolha:
O que você pode fazer para relaxar?

Ginástica cerebral

Certa vez, tive o seguinte diálogo com um amigo:
"Ô Louis, eu estava outro dia com um conhecido seu e conversamos muito sobre você."
"Que interessante... Quem era?"
"Não lembro o nome."
"Vocês falaram sobre o quê?"
"Ah, não lembro direito."
"Vocês estavam onde?"
"Como chama aquele barzinho mesmo? Ali no Gutierrez?"
"Olha, tem um monte de bar no Gutierrez!!!"
Você cultiva a boa memória? Pois bem, esse meu amigo tem apenas 49 anos!
Você está mais para deslizes como esse ou consegue se conectar com os acontecimentos de sua vida? A cada ano que passa, nossa memória precisa de mais atividade! Como uma ginástica cerebral. "A memória tende a diminuir conforme os neurônios vão envelhecendo. Por isso, o ideal é tomar cuidado para que esse prejuízo seja o menor possível."
A preocupação com a preservação de nossa memória deve se iniciar cedo. Desde a alimentação até a prática de atividades físicas, passando por controle de estresse, tudo isso ajuda muito a manter a sua mente ativa.
Exercite sempre a sua mente, realize atividades que necessitem do uso do cérebro.
Ginástica cerebral já!

Faça sua escolha:
Qual memória você quer ter após os 70 anos?

Exercício do Soltar

Todos nós, consciente e inconscientemente, fomos condicionados a segurar e reter coisas em nossas vidas. Com o passar dos anos, projetamos estas retenções em outras coisas. Queremos reter pessoas, emoções, mágoas, ressentimentos e até mesmo coisas materiais. Além disso, passamos boa parte da vida evitando lidar com as perdas.

Sentir bem-estar na vida é ter a capacidade de soltar. Você quer ser leve? Aprenda a soltar tudo aquilo que não lhe serve mais. Solte determinadas pessoas que não lhe acrescentam mais nada, mas seja grato pelo que elas representaram; jogue fora objetos que estavam guardando sem nenhuma utilidade, liberte sua raiva e suas decepções – não em cima dos outros, mas expurgue isso de dentro de você.

Quando efetivamente adotamos o soltar, o viver é mais fluido e intenso. Nosso vigor é maior e a vontade de realizar, também.

FAÇA SUA ESCOLHA:
O que você pode soltar hoje?

LAZER OU DESCANSO?

Você se sente uma pessoa completa? O que viria a ser isso? Ser completo é deixar manifestar tudo aquilo que você é, e nisso, eu afirmo, cada um de nós tem muito o que manifestar, em termos de talentos e habilidades. Como fazer isso? No seu horário de lazer.

Porém, o mundo moderno nos traz muitos deveres, obrigações, e temos cada vez menos tempo e energia para descansar e ter horas de lazer.

Em um fim de semana, muitos não vão ter lazer, vão descansar. As pessoas, às vezes, ao sair do trabalho, já estão tão cansadas que não têm o ânimo para o lazer. Você tem mais lazer ou descanso em sua rotina diária? Se o descanso é pouco, significa que está gastando muito mais energia do que deveria.

Se você tem lazer, parabéns, desfrute e não abra mão do que lhe dá prazer, pois o lazer é o alimento mental necessário para te abastecer de ideias em tudo o que você faz.

O mundo precisa de pessoas com ideias novas e funcionais. As ideias não vêm de pessoas viciadas em rotinas, mas daquelas que vivem a vida de forma integral e com muito lazer!

Faça sua escolha:
Como você pode colocar mais lazer em sua vida?

Ter ou ser?

Todo ser humano, de forma direta ou não, busca o bem-estar. Muitas pessoas associam ter coisas a estar bem consigo mesmas. No entanto, conheço gente que está muito bem financeiramente, e muito mal emocionalmente.

O bem-estar não está no que possuímos e sim no que somos. Enfim, não é necessário seguir padrões impostos para sermos felizes; as loucuras que a mídia prega, como ser magro e belo, são abusivas e acabam sendo um fator determinante para muitos. Não importa o que se tem e nem o que aparenta ser, importa aquilo que você faz, que revela o seu ser.

Existem pessoas que não têm muita coisa e vivem além das expectativas.

Só você pode mudar o rumo da sua história e fazer da sua vida algo único e prazeroso. Pare de ser um rascunho de um projeto inacabado.

O bem-estar é nada mais nada menos do que o seu autoconhecimento. Com ele, você adquire o autocontrole e a autonomia para fazer e acontecer.

Não importa quem você é, pois você já é, com seus erros e acertos. Bem-estar é se aceitar como se é. Aprenda com as experiências da vida para que se torne alguém verdadeiro. Procure fazer da sua vida algo marcante.

FAÇA SUA ESCOLHA:
Qual legado você gostaria de deixar?

Higiene mental

Há momentos em que realmente tudo pesa, fica difícil e sufocante. A mente parece que entrou num turbilhão, e não encontra um pensamento seguro para se firmar. É a pressão no trabalho, dificuldades no convívio familiar ou social, contas para pagar, sonhos frustrados. Isso causa depressão. Muitas pessoas se sentem no meio de detritos, senão orgânicos e materiais, com certeza mentais e sentimentais.

Cuidamos da lavagem de nossa roupa, selecionamos o alimento que vamos ingerir, limpamos nossa casa para deixá-la confortável, tomamos nosso banho mantendo a higiene pessoal, mas dificilmente pensamos na necessidade da higiene mental e sentimental.

Nós vamos vivendo e muitas vezes só absorvemos ódio, mágoa, inveja e muitas coisas ruins que aparecem no nosso caminho. Tratamos nossa mente e nosso coração como um daqueles quartinhos dos fundos onde se vai jogando tudo o que é quinquilharia. É daí que surgem inúmeras enfermidades: por guardarmos "tranqueiras" emocionais. Pense que hoje é um bom dia para começarmos a fazer uma varredura na mente. Fazer um bota-fora!

Adote este lema e verá que as janelas da alma vão se abrir para um mundo de possibilidades e bem-estar! Higiene mental já! Porcaria não!

FAÇA SUA ESCOLHA:
Do que você precisa livrar a sua mente?

Sua Liberdade

É comum encontrarmos pessoas que reclamam muito da vida. Essas reclamações são tão fortes que parece que a pessoa é uma prisioneira, sem chance de se livrar da brutal condenação que recebeu! Ora, isso é falso!

Nós tivemos, temos e teremos toda a liberdade para fazer as nossas escolhas! Onde você trabalha, como vive, seus amigos e tudo o que tem são fruto de suas escolhas! Grave bem: suas escolhas, de mais ninguém. Portanto, não reclame. Assuma sua vida e perceba que você é pura liberdade! Você decidiu estar onde está. É o sim e o não que usa em sua vida que lhe dão a liberdade que você tanto valoriza.

Não é negando a realidade que criamos outra melhor, mas assumindo essa realidade podemos criar o que quisermos para nós, na condição em que nos encontramos.

Portanto, assuma o seu livre arbítrio e saiba quando dizer sim e quando dizer não.

O bem-estar é uma conquista, não costuma vir de graça! Portanto, vá atrás daquilo que é seu por direito!

FAÇA SUA ESCOLHA:
Como você pode assumir as suas escolhas?

CRIANÇA INTERNA

Brincar é coisa de gente grande. Incluir atividades lúdicas em nossa vida estimula a criatividade e o bem-estar.

No entanto, não fomos condicionados a isso. Fomos forçados a nos tornar adultos o mais rápido possível. Outro dia um adolescente de 13 anos se recusou a entrar em uma loja junto com a mãe para comprar um par de tênis simplesmente porque estava escrito *for kids*. Ele argumentava: "Não sou mais criança, já sou adolescente e serei adulto em breve".

A sociedade vai inibindo a manifestação da nossa criança interna. O que mais escuto são mulheres dizendo para alguns homens: "Você tem cara de menino!".

Adolescentes que dizem para o amigo: "Você é muito criança para o meu gosto".

Pais que dizem: "Já está na hora de crescer e parar com isso!"

Quantos começaram a fumar para parecer mais velhos?

Enquanto negarmos nossa criança interna e acelerarmos o crescimento, não alcançaremos a maturidade. Mas a boa notícia é que nossa criança interna ainda continua viva. Ela é nossa riqueza inesgotável de criatividade e alegria de viver!

Como fazê-la se manifestar?

Inclua atividades lúdicas em sua vida como desenhar, pintar, jogar, representar, pois isso resgata tudo o que você é em essência e o sentido de viver se torna mais amplo!

FAÇA SUA ESCOLHA:
Você já brincou esta semana?

O PODER DA MENTE

O universo é mental

Na década de 1970, Fred Alan Wolf popularizou a ideia de que nós criamos nossa realidade. A consciência não é um produto do cérebro, "a consciência é a base de toda existência", segundo Amit Goswami. Os trabalhos de Einstein, Podolsky e Rosen (1935) comprovaram essa ideia, assim como inúmeros outros experimentos posteriores.

Tendo em vista que nossa mente é algo atrelado à consciência não localizada, nossa mente é não local. Acreditamos que a mente está na cabeça, mas ela não está.

Reconhecer que o nosso corpo é um campo de memória e que esse campo é mais amplo do que podemos imaginar nos faz entender que o poder da nossa mente é enorme.

Reconhecer que somos criadores de nossa realidade e que nosso pensamento, junto com as estruturas do nosso inconsciente, nos eleva a novos padrões de relacionamento com coisas e pessoas, é algo muito poderoso.

Nos textos a seguir, o leitor poderá reconhecer ensinamentos e fazer suas escolhas com mais consciência.

A GRANDEZA ESTÁ EM SUAS INTENÇÕES

Houve um homem que investiu tudo o que tinha numa pequena oficina e se empenhou trabalhando nela dia e noite. Quando apresentou o resultado de seu trabalho a uma grande empresa, falaram para ele que seu produto não atendia ao padrão de qualidade exigido. Você acha que esse homem desistiu? Não. Ele voltou à escola por mais dois anos, e foi vítima de gozação de colegas por ser mais velho. Você pensa que esse homem ficou chateado? Não. Após dois anos, a empresa que o recusou assinou um contrato com ele.

Durante a guerra, a sua fábrica foi bombardeada e grande parte, destruída. Você acredita que esse homem desistiu? Não. Ele a reconstruiu. Depois a fábrica foi atingida por um terremoto e ele mais uma vez não desistiu. Você provavelmente conhece essa fábrica, trata-se da Honda, que produz automóveis, motos, entre outras coisas. Um dos maiores impérios da indústria automobilística japonesa, conhecida e respeitada no mundo inteiro. Tudo porque o seu fundador não se deixou abater pelos terríveis obstáculos que encontrou pela frente, tudo por uma razão muito simples: ele tinha o que queria em mente. Quando nós visualizamos e colocamos uma intenção clara nas coisas, qualquer obstáculo é um mero obstáculo, ele não se tornará grande, uma vez que a grandeza está nas suas intenções.

FAÇA SUA ESCOLHA:
O que você consegue e quer ver?

Não abandone seus sonhos

Desde pequena, uma menina chamada Swetlana sonhava em ser uma grande bailarina do balé Bolshoi. Um dia ela conseguiu uma audiência com Sergei Davidovit, o mestre em balé do Bolshoi, que estava naquele momento selecionando aspirantes para a companhia. Ela dançou para ele com todo o sentimento que aprendera durante a vida. Ao final, ela se aproximou e perguntou-lhe: "Então, o senhor acredita que eu possa me tornar uma grande bailarina?". Ele respondeu enfaticamente: "Não".

Meses se passaram após aquele "não", e ela não conseguia calçar uma sapatilha, tamanha a desilusão. Dez anos mais tarde, Swetlana, já uma conhecida professora de balé, criou coragem para assistir ao Bolshoi. Ela assistiu e viu que o Sr. Davidovit ainda era o mestre do balé do Bolshoi. Após o concerto ela foi até ele e perguntou: "Queria fazer uma pergunta para o senhor: por que muitos anos atrás o senhor me reprovou, e disse que eu não tinha capacidade para ser uma grande bailarina?".

E ele disse para ela: "Minha filha, eu digo isso a todas as aspirantes". Ela, então, lhe disse: "Mas como o senhor comete uma injustiça dessa? Eu poderia ter sido uma grande bailarina".

E o senhor lhe disse: "Me perdoe, minha filha, mas você não seria grande o suficiente, já que foi capaz de abandonar seu sonho pela opinião de outra pessoa".

É essa a mensagem que deixo para você: não abandone o seu sonho, aquilo que está no seu coração, por causa da opinião de terceiros, porque quem vive o seu sonho é você, e não os outros.

FAÇA SUA ESCOLHA:
Qual é o seu sonho?

Palavras que nos deixam inertes

O pensamento e a mente estão de certa maneira atrelados às palavras. O que você fala é fruto do que você pensa e vice-versa. Eu gostaria que você refletisse sobre algumas palavras que muitas vezes nos causam inércia e problemas na vida. Por exemplo, a palavra "mas", em determinado contexto, diminui ou nega tudo que vem antes. Então, não adianta você fazer um elogio bonito, vigoroso para alguém e depois falar "mas". Você negou tudo. Por exemplo: "Marcos, você é um rapaz muito esforçado, mas...". Pronto, você matou tudo que disse antes. Então, cuidado com essa palavra.

Outra palavra também muito comum que eu ouço nos meus seminários, palestras e treinamentos é "tentar". Tentar pressupõe a possibilidade de falha: "Eu vou tentar encontrar você amanhã às oito horas". Quer dizer, já estou partindo do pressuposto que pode ser que não dê certo. Qual é realmente a força da intenção de fazer isso acontecer? A palavra "tentar" tira essa força. Muitas pessoas fazem isso ao traçar metas! "Eu vou tentar bater minha meta." Minha pergunta para você é: vai bater ou não vai bater sua meta? Você vai se esforçar ou você não vai se esforçar?

Essa é uma questão que coloco para você: O "mas" e o "tentar" são palavras que devem ser substituídas por outras palavras mais poderosas.

Faça sua escolha:
Quais palavras você pretende usar?

A FORÇA DAS INTENÇÕES

Muitas pessoas usam o "tenho que" em seu cotidiano.
O que "tenho que" significa? Algo externo controla nossa vida. Então, sugiro que, em vez de "tenho que", você use o "quero", "decido", "vou", porque isso o coloca já na intenção e na força da intenção da ação.
Existe uma outra palavra que é muito comum: é o "se". Em muitos casos o "se" não ajuda.
Vamos examinar a frase a seguir para ver, por exemplo, a diferença entre o "se" e o "quando".
Em vez de você falar "se eu conseguir ganhar dinheiro, vou viajar", eu sugiro eliminar o "se", pois ele parte do pressuposto de que você pode conseguir ou não.
Agora, veja como fica quando você troca o "se" pelo "quando": "quando eu conseguir ganhar dinheiro, vou viajar". O "quando" já parte do pressuposto de que você vai conseguir.
Quando você troca essas palavras, provoca um efeito na sua mente e, como ela é muito poderosa, faz as coisas acontecerem.

FAÇA SUA ESCOLHA:
O que você quer de verdade?

Deixe sua raiva secar

Mariana ganhou um brinquedo novo e o emprestou para uma amiguinha chamada Júlia. Em seguida, encontrou algumas partes desse brinquedo quebradas. Chorando, foi à sua mãe pedir explicações e a mãe ponderou: "Filhinha, lembra quando você estava na rua e um carro jogou lama na sua roupa? Quando você chegou em casa, você queria lavar imediatamente a sujeira. O que a vovó lhe disse? Que era melhor primeiro deixar o barro secar, porque depois que ele secasse ficaria mais fácil limpar.

Com a raiva a gente faz a mesma coisa. Primeiro a gente deixa secar para depois resolver alguma coisa.

Logo depois a campainha tocou e era a Júlia. Ela foi logo falando: "Mariana, sabe aquele menino que fica correndo atrás da gente? Ele queria brincar comigo e, como não deixei, ele ficou bravo e quebrou o seu brinquedo! Eu contei para a minha mãe e ela foi logo comprar outro para você. Por favor, não fique com raiva de mim!".

"Não tem problema, minha raiva já secou!".

Muitas coisas acontecem na nossa vida que não nos agradam. Nós não temos controle sobre elas. As pessoas fazem coisas de forma voluntária e involuntária que podem nos prejudicar.

Saiba que raiva é sentimento, não há como negá-lo, mas podemos fazer como nessa história: deixar a raiva secar antes de querer resolver as coisas. Entenda que desta forma a mente fica mais limpa e o coração, mais tranquilo para você resolver o que é preciso.

FAÇA SUA ESCOLHA:
Você pode esperar a raiva passar?

AÇÃO FRENTE ÀS ADVERSIDADES

Duas crianças estavam patinando em cima de um lago congelado. Era uma tarde nublada e fria e elas brincavam sem nenhum tipo de preocupação. De repente, o gelo se quebrou e uma das crianças caiu na água. A outra, vendo que o amigo já estava se afogando debaixo do gelo, pegou uma pedra, começou a golpear, até quebrar o gelo e salvar o amigo.

Quando os bombeiros chegaram e viram o que tinha acontecido, não conseguiam acreditar que o menino pudesse ter quebrado o gelo com uma pedra. Muitas vezes compramos tanto o que as pessoas dizem de nós e para nós, que não nos damos conta da realidade. Pais, muitas vezes, fazem isso com as crianças, e o que acontece? Elas acreditam. Quando acreditamos que algo é impossível, realmente impossível se torna.

Muitas vezes as pessoas fazem o impossível, porque não apareceu ninguém em volta para dizer que aquilo era impossível.

Portanto, a força do pensamento e da mente faz a diferença quando acreditamos no que estamos fazendo e criamos uma barreira para as coisas negativas que tiram a nossa força.

FAÇA SUA ESCOLHA:
Quando acreditar que o impossível vale a pena?

ENXERGUE NOS OBSTÁCULOS AS OPORTUNIDADES

Thomas Edison, famoso cientista, perdeu boa parte da sua capacidade auditiva quando tinha perto dos 12 anos. Ele só podia ouvir ruídos e gritos mais fortes, mas isso não o incomodava.

Uma vez, respondeu sobre sua deficiência: "em vez de isso constituir uma desvantagem, me colocar para baixo ou me fazer menor do que os outros, acredito que a minha surdez talvez tenha sido muito benéfica para mim. Ela me encaminhou muito cedo para a leitura e tenho também uma grande capacidade de me concentrar mais rápido do que outras pessoas".

O que podemos aprender com a resposta de Thomas Edison?

A capacidade de ouvir não se limita, exclusivamente, à possibilidade de captar sons. A maioria de nós possui capacidade auditiva, mas isso não significa que temos a capacidade de saber ouvir.

Saber ouvir é saber ouvir os nossos desejos, as nossas intenções. É saber ouvir os nossos objetivos, as nossas verdades, os nossos princípios, os nossos valores, que estão acima de qualquer coisa.

À medida que os obstáculos vêm, lembre-se logo de que nada é tirado de você sem que você permita. Podemos ver como um problema, como uma oportunidade.

Considere o que Thomas Edson fez e tenha uma visão nova das dificuldades e obstáculos que cruzarem o seu caminho, pois eles podem trazer a sabedoria.

> **FAÇA SUA ESCOLHA:**
> *Como aprender com as dificuldades?*

CRIAÇÃO E REALIZAÇÃO

Uma vez um amigo me perguntou: "Louis, o que eu posso fazer para ter força nas minhas ações?". Eu disse para ele: "Não há fórmula mágica, mas tem algo que você pode considerar efetivamente porque é um fato: Todas as coisas de certa maneira são criadas na nossa mente duas vezes, primeiro são idealizadas, depois se dão na criação material; ou seja, a criação mental e depois a criação física".

Por exemplo, vamos imaginar que você queira comprar um apartamento de dois ou três quartos. O que pode fazer para que isso realmente aconteça? Procure visualizar na sua mente por meio do seu coração o apartamento. Quando nós começamos a idealizar e visualizar efetivamente algo, nós temos condições de transformar em realidade.

Arquitetos fazem isso muito bem: primeiro eles têm a ideia na mente, depois transformam numa planta e desenham.

Uma casa é idealizada na mente, depois vai para o papel, em seguida vai para a realidade; ou seja, foi criada três vezes. Ela existiu três vezes.

Tudo começa, antes de vir para a matéria, no pensamento, na criação mental. Quanto mais clara e honesta for sua criação, e conectada com o seu propósito de vida, maior é a possibilidade de virar realidade.

FAÇA SUA ESCOLHA:
Qual é a ideia que você quer idealizar hoje?

Carroça Vazia

Um pai levou o filho para dar um passeio no bosque. Ele parou diante de uma clareira e depois de um pequeno silêncio perguntou para o menino: "Além do cantar dos pássaros, você está ouvindo mais alguma coisa?". O filho, com o ouvido bem apurado, respondeu: "Eu estou ouvindo o barulho de uma carroça". O pai concordou "É isso mesmo, é uma carroça vazia". O menino curioso perguntou:
"Mas como é que você pode saber se a carroça está vazia se a gente ainda não viu a carroça?"
"É muito fácil saber que uma carroça está vazia, é só você perceber a força do barulho que ela faz, quanto mais vazia, maior o barulho que faz.".
Assim, muitas vezes, são as pessoas. Quando eu vejo uma pessoa falando demais, inoportuna, interrompendo a conversa das pessoas toda hora, tenho a impressão de ouvir a voz desse pai.
Não é pela quantidade de palavras faladas que seremos mais ouvidos ou conseguiremos o respeito sobre o que nós pensamos ou em que acreditamos. Sendo assim, é mais fácil que nos tornemos cansativos e desagradáveis. É pela clareza, objetividade e sinceridade que falamos, que somos ouvidos.
Diminua seus ruídos e você será mais ouvido.

> Faça sua escolha:
> *O que você quer dizer hoje?*

SAIBA INTERPRETAR A SUA VIDA

Um sultão sonhou que havia perdido todos os dentes da boca. Ele acordou e mandou chamar um adivinho para que pudesse interpretar o sonho. "Que desgraça, senhor! Eu tenho que lhe dizer uma coisa muito triste: cada dente caído que o senhor sonhou representa a perda de um parente de sua majestade".

Quando o adivinho disse isso, o Sultão ficou irritadíssimo e falou: "Mas que insolente! Como é que você se atreve a dizer que eu vou sofrer tal coisa? E ainda vou perder as pessoas de que eu gosto?".

Chamou os guardas, ordenou que dessem 100 chibatadas no homem e mandou que trouxessem outro adivinho. Em seguida, contou a respeito do sonho.

O segundo adivinho, analisando a situação, disse: "Meu caro senhor, grande felicidade lhe está reservada. O sonho significa que sobreviverá a todos os seus parentes. Em outras palavras, o senhor vai viver mais do que todos".

A fisionomia do sultão se iluminou na hora, um sorriso brotou naturalmente de seu rosto e ele mandou dar 100 moedas de ouro ao segundo adivinho.

Que lição podemos aprender com essa história? Não é o que acontece com você que faz a diferença na sua vida, mas é a interpretação que você faz. Assim como aconteceu com esse adivinho e a interpretação que ele deu.

Tudo é muito relativo. A verdade sempre deve ser dita, não resta a menor dúvida disso, mas eu gostaria que você considerasse uma coisa: a forma como ela é dita é que faz toda a diferença nas nossas vidas.

FAÇA SUA ESCOLHA:
Qual a melhor maneira de dizer a verdade?

PREGUIÇA MENTAL

A preguiça mental se dá de muitas maneiras, mas quero destacar uma das mais cruéis, fortes e permanentes nos nossos meios sociais, que é o palavrão.

Se você começar a pensar nos palavrões, nos termos obscenos, eles revelam de forma crua uma preguiça mental. Muitas pessoas têm usado o palavrão de modo corriqueiro, até mesmo inofensivamente, como forma de expressão ou mesmo para fazer parte de um determinado meio onde todas as pessoas falam palavrões.

Há quem defenda que é saudável e extremamente benéfico um desabafo por meio de palavrões. De certa maneira não posso negar isso, mas o problema é quando vira um hábito, um vício mental, e aí se instala a preguiça.

Qual é a verdadeira energia de um palavrão? Ele cria imagens vivas que se desenvolvem no terreno mental onde é projetado e trazem consequências ruins.

A conversação é uma força vigorosa de poder. Toda palavra é dotada de energias elétricas específicas e libera raios de natureza dinâmica idêntica à energia do que se fala. Por isso, se a pessoa profere um simples "merda", tão comumente utilizado nos dias de hoje, está emitindo energia idêntica à das fezes que produz.

Por isso, sugiro que comece eliminando os palavrões mais casuais utilizados comumente como interjeições. Eles não são indicadores de inteligência. Se você refletir sobre os palavrões, verá que eles, em grande parte, não precisam ser usados, pois são fruto de uma preguiça mental.

FAÇA SUA ESCOLHA:
Como se livrar da preguiça mental?

Viva como as flores

Um discípulo uma vez perguntou para o mestre: "Como faço para não me aborrecer e nem me irritar? Algumas pessoas falam demais, outras são indiferentes e outras são cínicas e mentirosas, eu sofro com isso". E o mestre o advertiu: "Eu tenho uma sugestão para você, é algo simples: viva como as flores". O discípulo perguntou: "Mas como?". O mestre prosseguiu: "Repare nas flores, elas nascem no esterco e são puras e perfumadas, elas extraem do adubo malcheiroso tudo que lhes é útil e saudável, mas não permitem que o azedume da terra tire o frescor das pétalas".

É justo que a gente se preocupe com os próprios erros, mas não é sábio permitir que o erro dos outros nos importune. Os defeitos de cada um não podem nos atrapalhar, e não devem nos incomodar.

Exercite a virtude de rejeitar todo mal que vem de fora – o que não é seu é do outro. Isso é uma maneira de isolar-se mentalmente. Não compre o que não é seu.

Isso é viver como as flores.

FAÇA SUA ESCOLHA:
Como você pode viver como as flores?

HARMONIA NA SUA VIDA

Outro dia eu estava conversando com um amigo, diretor de uma grande empresa em Minas Gerais. Ele me disse que, antes de admitir qualquer pessoa para uma posição chave, entrevista primeiro a esposa do candidato. Ele me explicou a razão: "Louis, eu faço isso porque desejo ter a certeza de que o vendedor em perspectiva ou o supervisor tem o apoio da família". Existem famílias que cooperam e outras fazem objeção às viagens e aos inconvenientes do cargo.

Ele disse que, depois que passou a entrevistar a família, 90% de seus problemas acabaram.

Cabe a nós uma reflexão: o que acontece nos finais de semana afeta nos dias úteis de trabalho. Uma pessoa que, fora do trabalho, tem uma vida construtiva é, normalmente, uma pessoa bem-sucedida, tem a cabeça no lugar e foco no seu trabalho. Diferentemente daqueles que frequentemente se aborrecem com conflitos familiares.

Portanto, se você quer ficar bem no seu trabalho e na sua vida, é muito importante que construa uma vida pessoal e familiar harmoniosa, pois isso influenciará todo o resto.

FAÇA SUA ESCOLHA:
Como alcançar o equilíbrio?

Alfaiate por dentro

Uma pessoa pode ser medida pelo tamanho de seus sonhos. Sonhar é a capacidade que você tem de mostrar sua grandeza. Para que possa manifestar sua grandeza, é preciso visualizar um grande futuro. Por exemplo: vamos imaginar o departamento em que que você trabalha. É muito importante você imaginar o que você estará fazendo daqui a dez anos. Perguntas como: "Quanto quero ganhar?", "Qual grau de responsabilidade pretendo ter?", "Quanta autoridade desejo exercer, mas com que propósito?", "Que prestígio quero obter no meu trabalho?".

Muitas pessoas não fazem essas perguntas, e não ativam a visão na sua mente. Por exemplo, vamos supor que você esteja em casa: Que padrão de vida você pretende dar à sua família e a você mesmo? Em que espécie de casa você deseja morar? Que tipo de férias você deseja ter? Se você tem uma vida social, por exemplo, quais amigos deseja manter na sua vida no futuro? Que posições de liderança na comunidade você gostaria de ter? Que causas gostaria de defender?

As pessoas que fazem essas perguntas ativam a visão e se tornam visionárias. Quando nós temos uma visão, temos um sonho dentro de uma base concreta e real.

Faça sua escolha:
Qual grandeza você deseja construir?

Presentes negativos

Perto de Tóquio, vivia um grande samurai já idoso que se dedicava a ensinar o modo de vida *zen* aos jovens. Apesar de sua idade, corria a lenda de que ele ainda seria capaz de derrotar qualquer adversário. Certa vez, um grande guerreiro conhecido por sua total falta de escrúpulos resolveu desafiá-lo. O mestre entendeu que aquela era uma boa oportunidade para deixar uma lição para seus jovens alunos.

Os adversários se colocaram frente a frente e o guerreiro chutou algumas pedras em direção ao samurai, cuspiu em seu rosto e gritou diversos insultos, fazendo de tudo para provocá-lo. O velho samurai ficou impassível. No final da tarde, já exausto e cansado, o guerreiro provocador foi embora muito desapontado. Assim também estavam os alunos do mestre e perguntaram como o grande samurai podia suportar tudo aquilo.

"Se alguém chega até você com algum presente e você não aceita esse presente, a quem pertence esse presente?

Os jovens, pasmos com a situação, responderam: "a quem trouxe o presente."

"Quando alguém lhe traz raiva, agressão, insultos, pensamento negativo e inveja, se você não aceita, isso continua a pertencer a quem os carrega consigo".

Não aceite os presentes que são negativos, aceite apenas os presentes que vão agregar algo em sua vida.

Faça sua escolha:
O que devo aceitar para a minha vida?

Pequenas coisas que ensinam muito

Em um dia de verão, eu estava na praia espiando duas crianças na areia e elas trabalhavam muito, construindo um castelo de areia, fazendo torres, passarelas, passagens internas – enfim, algo fantástico. As crianças tinham um dom extraordinário e quando estavam perto de chegar ao final, veio uma onda e destruiu tudo, reduzindo o castelo a um monte de areia e espuma. Na hora olhei e pensei: "Esses meninos vão cair no choro, depois de tanto esforço e cuidado para construir aquele castelo!". Mas eu estava errado! Tive uma enorme surpresa, pois, em vez de chorar, eles correram para a praia fugindo da água e rindo, de mãos dadas, e logo depois estavam construindo outro castelo.

Ali percebi que havia recebido uma importante lição de vida. Tudo em nossas vidas, todas as coisas que tomam o nosso tempo e a nossa energia, se pensarmos bem, são feitas de areia. O que realmente permanece é o relacionamento que temos com as pessoas. Mais cedo ou mais tarde uma onda virá desfazer tudo que a gente levou muito tempo para construir, e, quando isso acontecer, é importante termos alguém para segurar a mão, sorrir e seguir adiante.

Construa a sua vida baseada nas relações e nas pessoas que você ama.

FAÇA SUA ESCOLHA:
Com quem você compartilha a vida?

A MOEDA DO TEMPO

Imagine que você tenha uma conta no banco e que todo dia pela manhã você receba um crédito de 86.400. O que seria esse crédito? Os segundos que você tem nesse dia, não é permitido transferir o saldo para o dia seguinte, e todas as noites seu saldo é zerado, mesmo que não tenha utilizado bem o crédito que recebeu no começo do dia. Você, logicamente, não tem como mudar isso.

Todos nós somos clientes desse banco que se chama tempo. Todas as manhãs, repito, são creditados 86.400 segundos e todas as noites o saldo é zerado. Por isso quero que reflita e invista no que for melhor para você: seja na saúde, na felicidade, no trabalho, nos seus sonhos e objetivos.

O relógio está correndo, faça o melhor para o seu dia a dia. Para você perceber o valor de um ano, pergunte a um estudante que foi reprovado e tem que repetir o ano. Se você quiser saber o valor de um mês, pergunte, por exemplo, para uma mãe que teve seu bebê prematuro. Para você perceber o valor de um segundo, pergunte para alguém que conseguiu evitar um acidente. Se você quiser saber o valor do milésimo de segundo, pergunte àquela pessoa que ficou em segundo lugar nas olimpíadas.

Valorize cada momento que você tem. Assim terá condição de seguir em frente, focar e usar bem o seu tempo, pois ele não espera por ninguém.

Ontem é história, amanhã é mistério e hoje é uma dádiva – por isso é chamado presente.

FAÇA SUA ESCOLHA:
O que fará com o seu crédito diário?

Autoestima

Tudo o que está fora é uma projeção do que está dentro

No livro *Physics as Metaphor*, Roger S. Jones coloca que "sempre que algo é descrito, a mente humana não pode ser desvinculada disso". Absolutamente em tudo o que olhamos colocamos um pouco de nós. Separar o externo do que somos é como viver sem respirar. Nossa mente, ou *software* mental, constrói toda uma relação baseada em interpretações e sentimentos. Boa parte destes sentimentos vem da nossa percepção e identidade. A forma como lidamos com o mundo externo é, de certa forma, uma extensão da forma como lidamos com nós mesmos.

Aceitar a si mesmo é, para muitos, um poderoso desafio. Nos textos a seguir, vamos abordar como a estima que temos por nós serve para melhorar a relação que temos com o mundo exterior.

A FEIURA IMAGINÁRIA

Outro dia uma amiga foi levar o filho ao cabeleireiro e, enquanto ele cortava o cabelo, ela pegou uma revista para ler. Era uma dessas revistas cheias de foto de gente bonita. Quando chegou em casa, olhou-se no espelho e se achou muito gorda. Aí comentou que sempre se achou feia, sempre vê mulheres mais bonitas, mais enxutas etc.

As revistas e a mídia trazem tudo o que você não é. Isso o coloca para baixo porque o faz comparar-se com o outro. Só que isso é imaginário, falso. Aceite tudo o que você é hoje! Seu corpo é seu! Seu nariz é seu! Se quiser mudar algo em seu corpo, tudo bem, mude, mas que não seja pelo fato de isso ser um fardo em comparação com os outros.

O fato de sua boca não ser igual à boca da artista da moda que aparece na televisão não significa que a sua boca seja feia ou pior! Isso é apenas a sua sensação.

Esse padrão de comportamento costumo chamar de feiura imaginária, pois está basicamente na sua mente.

FAÇA SUA ESCOLHA:
Como ter uma visão realista sobre si mesmo?

PADRÃO DE SUCESSO

Todos nós somos pessoas de sucesso! Não existe essa história de que você será uma pessoa de sucesso. Você é! Pense em suas realizações! Certa vez perguntei a um jovem se ele já tinha tido alguma realização e ele disse que não. Aí insisti perguntando se ele já tinha modificado algo na vida dele, ele disse que sim e que não, que já tinha conseguido comprar uma moto por ser uma pessoa determinada, e que havia concluído a faculdade Publicidade.

Para mim então ele era uma pessoa de sucesso, sim, mas ele não acreditava nisso, pois não tinha alcançado o sucesso. Ora, sucesso é a capacidade de alcançarmos os nossos objetivos. À medida que temos pequenos êxitos, eles sustentam e dão força para novos saltos. Assim é a vida.

Perceba que você já é uma pessoa de sucesso. Observe suas vitórias do passado!

Não importa quantas são, mas são suas. Quanto mais reconhecer isso, mais forte ficará!

FAÇA SUA ESCOLHA:
Onde está o seu merecimento?

SOLUÇÃO *VERSUS* PROBLEMA

Eu tenho um conhecido que, a cada dez palavras que fala, nove são problema. Quantas pessoas você conhece que são assim? Primeiro, devemos entender que quanto mais falamos de problemas, mais eles se manifestam! Problema atrai problema. Segundo, ninguém gosta de ficar perto de pessoas que só falam de problema. Esse meu amigo, quando chega às festas, acaba ficando sozinho, pois ninguém aguenta a sua conversa. De manhã ele acorda a esposa e diz: "Vamos levantar cedo pois hoje há muito problema para resolver". Todo problema exige solução. Eu lhe pergunto: você é uma pessoa problema ou uma pessoa solução? Pessoas mais positivas são voltadas para solução e não atraem dificuldades.

Pare de falar de problema! Seja uma pessoa de solução.

FAÇA SUA ESCOLHA:
Você é uma pessoa problema ou solução?

SAÚDE MENTAL

Um famoso filósofo, Ralph Waldo Emerson, disse certa vez: "A medida da saúde mental é a disposição de encontrar o bem em todos os lugares".

Somos criados de maneira geral para ver o negativo, o errado, o mais difícil, não para ver as possibilidades, as coisas boas. Isso não significa que o negativo não deva ser mostrado, mas é preciso um equilíbrio. Chegou o momento de começar a ver o bem em todos os lugares. Ele está lá, pronto para ser apreciado, é só você querer ver. Treine a sua percepção, só depende da sua vontade. Da próxima vez que chegar ao seu trabalho, dedique alguns instantes para listar as coisas boas que existem na sua empresa e que você não costuma notar. Assim você desenvolve uma mente mais sadia, caso contrário o excesso de pessimismo irá fazer você travar uma luta com um mundo errado e imperfeito, e isso o tornará uma pessoa amarga. Mude, agora é a hora!

FAÇA SUA ESCOLHA:
Qual visão você pretende ter da vida?

VITIMIZAÇÃO

Uma amiga que estava se separando certa vez sentou-se comigo e me contou o drama que estava vivendo. Acusou o ex-marido de várias coisas e depois me perguntou o que eu pensava a respeito. Eu disse que ela tinha uma parcela de responsabilidade na história. Indignada, continuou a ouvir. Em seguida completei que ela estava se fazendo de vítima.

Quando acusamos alguém de fazer algo contra nós, colocamos essa pessoa como tirana e nós como vítimas. Pronto! Está criado o cenário do drama. Vítimas também fazem escolhas. Escolhem pessoas, permitem coisas e constroem realidades e espaços para que existam tiranos. Eles simplesmente dão acabamento ao que o outro quer criar.

Colocar-se no papel de vítima é muito fácil, pois isso nos tira a responsabilidade sobre os acontecimentos. Isso é simples e ao mesmo tempo uma atitude covarde. A vítima também tem sua contribuição na história, ninguém briga com o outro sem que esse outro não tenha feito nada.

Quando acontecem brigas em relacionamentos, lembre-se de que os dois têm uma parcela de culpa e que não existe uma vítima.

FAÇA SUA ESCOLHA:
Como você pretende lidar com as injustiças em sua vida?

POSSIBILIDADE *VERSUS* EXPECTATIVA

Existem pessoas que vivem cheias de expectativas sobre as coisas. Expectativa tem relação com esperar, imaginar, torcer para que algo aconteça. Quando você fica torcendo para que algo aconteça, fica propenso a ter uma atitude passiva: a atitude esperar.

A expectativa de que o namoro dê certo, de que o emprego saia, de que a venda se concretize.

Quando temos essas expectativas na vida e elas não acontecem, experimentamos frustração e dor.

Sugiro que você mude para viver criando possibilidades. Quando você se torna um criador de possibilidades, significa que você está no comando. Cada atitude sua aumenta as chances de algo acontecer.

Viver aumentando as possibilidades é dar o seu melhor na relação para que as chances de acertar aumentem. É quando você decide ampliar suas habilidades em seu emprego, é aumentar suas visitas para não depender somente de um cliente etc.

Viver criando possibilidades é sair da dependência da esperança e construir o seu futuro em cima do agora.

Pare de criar expectativas: crie e aumente as possibilidades.

FAÇA SUA ESCOLHA:
Quer viver com possibilidades ou expectativas?

LEVANTAR QUANDO CAIR

Todos nós caímos. Todos nós temos dias em que estamos para baixo. Alguns até no fundo do poço, isso faz parte da vida. Saiba que no fundo do poço há muita sabedoria. Você pode ter perdido algo, mas não perca o aprendizado.

Quero lhe mostrar um poderoso método para se levantar quando cair, afinal de contas, cair faz parte da vida, mas não precisamos ficar para baixo o tempo todo.

Um conhecido meu, advogado, me contou sobre um sistema excelente que criou para levantar a autoestima quando ela cai. Ao longo de sua vida, recebia inúmeros elogios, sob forma de carta, e-mails e agradecimentos, e guardava tudo em um pequeno baú. Um dia, quando estava se sentindo triste, ele abriu o baú e começou a se lembrar de cada vitória ou reconhecimento que tinha recebido. Ele mudou sua atitude, ergueu-se com um sentimento de que ele era maior do que a tristeza que sentia.

Lembre-se de que um momento ruim é muito menor quando comparado com a sua história de vida. Crie um baú e guarde boas recordações sobre você, ele será a sua fonte de autoestima quando precisar. Você pode não dar muito valor para isso agora, mas, na hora em que estiver mal, ele será de grande utilidade.

FAÇA SUA ESCOLHA:
Como você irá repor as suas energias?

O VALOR DA VIDA

Você está satisfeito com sua vida? Com seu emprego? Com seus relacionamentos? Você tem todo direito de estar ou não. Mas reclamar não resolve. Nossa vida foi criada por nós mesmos. Tudo que você tem em volta é fruto de suas escolhas. Mas se não damos o devido valor às coisas, não damos o salto que muitas vezes é requerido. Como dar esse salto?

Vou contar-lhe o caso de Hellen Keller. Ela nasceu cega, surda e muda. Ao longo da vida, aprendeu a ler, escrever e falar. Ela disse certa vez: "Sempre fui da opinião de que seria uma benção se, durante a vida adulta, cada pessoa pudesse ser cega e muda por uns poucos dias. A escuridão a faria valorizar a visão, e o silêncio lhe mostraria as alegrias do som".

O que quero lhe dizer é simples: dê valor às coisas que tem, sem se apegar a elas, mas entendendo que elas estão com você por algum propósito. Entender isso o ajudará a ver quantas bênçãos temos todos os dias. Saber dar valor nos leva a um outro nível.

FAÇA SUA ESCOLHA:
Qual é o valor de sua vida?

TOCAR O OUTRO TOCA VOCÊ

Você já ouviu que sorrir é importante. Agora, que tal você ter um motivo nobre para sorrir?
    Uma vez eu estava em uma fila de banco para pagar uma conta. O banco estava cheio e era perceptível a irritação tomando conta das pessoas. Um senhor já bem idoso estava logo à minha frente e estávamos conversando. Quando chegou a sua vez, era evidente a expressão fechada da caixa, afinal, após atender um monte de gente nervosa, ela tinha absorvido toda aquela tensão.
    O senhor então me disse: "Quer ver eu tirar um sorriso dela?". Eu não sei o que ele fez, mas, durante o atendimento dele, ela sorriu várias vezes. Quando chegou a minha vez, o espírito dela já era outro e foi até mais rápida. Na saída do banco, encontrei com ele e perguntei-lhe por que tinha feito aquilo, ele disse: "sorrir para as pessoas é legal, mas fazê-las sorrir é ainda melhor".
    Em vez de somente sorrir para as pessoas, tire um sorriso delas! Isso é nobre.

FAÇA SUA ESCOLHA:
Quais motivos você tem para sorrir?

APRENDER SEMPRE

Leonardo da Vinci foi um dos maiores gênios da humanidade e sua obra é e será para sempre objeto de encantamento e admiração. As informações contidas em seus escritos, projetos e desenhos são prova da universalidade do seu saber. Ele concebeu inventos que só puderam encontrar condições para serem realizados séculos depois.

Para quem não sabe, ele foi pintor, escultor, músico, arquiteto, engenheiro e cientista. Por que estou falando disso? Simplesmente porque todas as pessoas podem aprender mais e mais, sempre. A curiosidade impulsiona o desejo de saber. Descobrir coisas, e descobrir que você tem capacidade para algo que não sabia, é algo extraordinário.

Que habilidade você aprendeu nesse último ano? E no anterior? O que pretende aprender no próximo ano? Aprender coisas novas é viver e contribuir com o mundo. Aprenda música, poesia, pintura, bordado, um esporte, faça um novo curso etc. Mas aprenda.

O conhecimento torna a alma jovem e diminui a amargura da velhice.

FAÇA SUA ESCOLHA:
O que você deseja aprender no próximo ano?

Sua conta bancária

Uma mulher me contou que sempre esperava o marido chegar em casa para lhe dar atenção. Ele sempre havia sido muito carinhoso, mas passava por um momento turbulento em sua empresa, fazendo com que estivesse tenso e preocupado. Naquele período ela começou a ficar muito triste e sua autoestima, baixar. Eu lhe disse que o problema estava com ela. Irritada, ela me perguntou o motivo, eu lhe falei o seguinte: "Minha querida, imagine que você tem uma conta bancária de autoestima, essa conta precisa de depósito para funcionar, quem deve fazer o depósito?". "Eu mesma", ela me respondeu. Em seguida perguntei quem ela estava esperando que fizesse o depósito, e ela respondeu: "Meu marido". Ela tinha entendido o problema.

Você tem uma conta bancária de autoestima: deposite nessa conta. Não espere que as pessoas à sua volta façam isso. Se dê o devido valor, se presenteie, dê um tempo para você, invista em você.

Assim você assume sua vida e não depende da aceitação e da valoração do outro.

FAÇA SUA ESCOLHA:
Quer ser uma pessoa com débito ou crédito emocional?

Autorretrato

Um dos maiores problemas do mundo moderno é lidar com a autoestima. Poucas pessoas reconhecem isso, principalmente no meio organizacional, sendo essa a razão para a arrogância, o uso equivocado do poder e outros comportamentos de autoafirmação. A autoestima é a capacidade de gostarmos de nós mesmos, aceitar quem somos, e uma boa forma de lidar com isso é entender o que significa autorretrato.

Autorretrato é uma chave poderosa para levantar sua moral e a imagem que faz de você, a mais profunda.

Veja como a falta do autorretrato positivo afeta resultados. Certa vez um vendedor tinha muita dificuldade de se reunir com as pessoas que tomavam as decisões. Depois de um tempo, ele descobriu que o motivo disso era ele se sentir inferior às pessoas. Bastava ter uma ou duas secretárias entre ele e a pessoa com quem queria falar e ele já se sentia diminuído.

Isso ocorre paralelamente com muitas pessoas. Não permita que essa imagem habite dentro de você, pois todo ser humano tem algo a ensinar ao outro em algum aspecto. Aquela pessoa que você imagina que é superior a você pode até ser em algum aspecto, mas você também é superior a ela em outras coisas.

Quando entendemos que temos algo a ensinar e sempre temos algo a aprender, começamos a perceber o nosso valor.

FAÇA SUA ESCOLHA:
Você está disposto a aprender e a ensinar?

CONTRARIE SUAS VONTADES

Muitos dos problemas de autoestima surgem por meio de hábitos que temos e não conseguimos mudar. Hábitos são reações que nós aprendemos a ter automaticamente, sem precisarmos pensar, são executados pelo nosso mecanismo mental. 95% do nosso comportamento, sentimento e reações são habituais.

Um músico não decide que nota ele deve tocar, um dançarino não decide que pé ele deve movimentar e de que forma fazer isso, sua reação é automática e impensada. Quase da mesma forma são as nossas atitudes, emoções e convicções.

Como modificar hábitos indesejáveis? Como assumir o controle de seus desejos? Isso não é tarefa fácil, porém é possível e para isso você pode seguir algumas sugestões que vou dar a seguir:

Comece a amarrar o cordão do seu sapato ou do seu tênis ao contrário. Se você amarra primeiro o do pé direito, comece pelo esquerdo, você quebra um hábito.

Se você tem, por exemplo, o hábito de fazer um caminho da casa para o trabalho, mude o caminho.

Quando tiver muita vontade de ficar deitado, levante. Se você tiver vontade de levantar, deite só para contrariar sua vontade.

Treine sorrir quando não está com vontade.

Evite pensamentos negativos.

Contrarie a sua vontade, esse é o exercício que deixo para você, porque contrariando a sua vontade você assume o controle total.

FAÇA SUA ESCOLHA:
Quais hábitos você deve mudar?

O TAMANHO DO AQUÁRIO

Um criador de peixes do Japão uma vez recebeu um cliente que tinha o desejo de criar peixes. Curioso, o cliente gostaria de saber como uma espécie de peixe podia ter vários tamanhos e a mesma aparência. O peixe que o cliente observava era o mesmo, o que variava era o tamanho do aquário. Quanto maior era o aquário, mais o peixe crescia, e isso acontecia porque essa espécie de peixe se adaptava diretamente ao ambiente que estava.

Nós também somos como esses peixes. Qual é o tamanho do seu aquário? Você está pensando que eu estou me referindo ao tamanho do aquário dos peixes? Não! Metaforicamente, estou falando do aquário que simboliza o tamanho das suas ideias, dos seus projetos, da sua autoimagem, esse é o tamanho do seu aquário. Quanto maiores forem seus sonhos, suas ideias e seus projetos, com os pés no chão, maior você será!

FAÇA SUA ESCOLHA:
Qual é o tamanho dos seus sonhos?

VOCÊ AINDA É VOCÊ

O protagonista do primeiro filme *Superman*, Christopher Reeve, falecido em 2004, viveu momentos difíceis em sua vida quando ficou tetraplégico. Ele era um ator no auge da carreira e, após o acidente, ficou totalmente paralisado. Ele sofreu muito, perdeu o sentido de viver e entrou em uma profunda depressão. No fundo, ele confessou à sua esposa que queria morrer.

Em um dia de muito desespero, sua mulher lhe disse algo que mudou completamente o seu estado de espírito. Ela disse: "Chris, você ainda é você". Vejam o poder desta afirmação.

Caros leitores, por mais que tenhamos momentos difíceis e de desespero, lembrem-se de que você ainda é você, ninguém e nem nada pode tirar tudo o que você é.

Reconhecer isso é colocar-se de cabeça erguida para encarar os desafios da vida com toda a honra que tiver.

FAÇA SUA ESCOLHA:
Como você vai encarar os desafios?

Motivação

A razão para o agir

O QUE É O LASER? O LASER PODE SER DESCRITO DE UMA MANEIRA MUITO SIMPLIFICADA COMO SENDO A AMPLIAÇÃO DA LUZ PELA EMISSÃO ESTIMULADA DE RADIAÇÃO. OS ÁTOMOS OU MOLÉCULAS SÃO PREVIAMENTE PREPARADOS, OU COMO DIZEMOS, EXCITADOS PARA ENERGIAS MAIS ALTAS. AO PERDEREM A ENERGIA ARMAZENADA O FAZEM PELA EMISSÃO DE LUZ QUE INICIA TODO O PROCESSO EM CADEIA.

COMO ENTÃO, *GROSSO MODO*, A LUZ DE UM LASER DIFERE DA LUZ DE UMA LÂMPADA DE FILAMENTO INCANDESCENTE, POR EXEMPLO? A LUZ DO LASER É MAIS INTENSA, É EMITIDA NUMA SÓ DIREÇÃO E TEM UMA COR ESPECÍFICA (COMPRIMENTO DE ONDA ÚNICO), ENQUANTO A LUZ DE UMA LÂMPADA INCANDESCENTE É FRACA, É EMITIDA EM TODAS AS DIREÇÕES E É FORMADA POR MUITAS CORES (RADIAÇÕES DE DIVERSOS COMPRIMENTOS DE ONDA) QUE, SOMADAS, RESULTAM EM LUZ BRANCA.

ASSIM COMO O LASER, A MOTIVAÇÃO FUNCIONA. QUANDO ALGUÉM TEM UM PROPÓSITO CLARO DO QUE FAZ, TUDO TEM SENTIDO. QUANDO FOCAMOS EXATAMENTE NO QUE QUEREMOS, UMA ENERGIA MAIOR NOS BATE À PORTA E AS COISAS GANHAM MOVIMENTO.

Certamente que, sem motivação, nada acontece no mundo, mas vamos abordar a palavra sem transformá-la em um show de animação.

A motivação é um assunto crítico para qualquer empresa que queira ir além por meio dos seus colaboradores.

A FORÇA DE UMA META

Todo mundo quer estar motivado. Alguns conseguem por 30 minutos, outros por 3 horas, 3 dias, outros por anos. O que garante o nosso entusiasmo? Lógico que, quando estamos motivados, fazemos tudo com mais vontade, mais prazer e o mundo fica até mais bonito. Porém, manter isso não é fácil, não é? Mas vou lhe dar algumas dicas simples: Tenha metas! Parece óbvio, não? Mas as metas precisam vir de você. As metas mudam a nossa direção.

Uma amiga, por exemplo, tinha mais dificuldade para ser uma boa vendedora, então traçou uma meta: comprar um apartamento. Deu entrada e criou uma dívida. Isso a fez ter que correr e fixar metas anuais, semestrais e mensais! Resultado: triplicou suas vendas.

É simples: ter metas é crucial para você se manter motivado, ou seja, para agir!

Crie motivos para agir traçando metas anuais, semestrais e mensais.

FAÇA SUA ESCOLHA:
Quais são suas metas?

Diálogos internos

Muitas pessoas se perdem ao longo de um projeto simplesmente porque se confundem.

O que mais acontece dentro da mente das pessoas? Diálogos mentais! Você conversa com você mesmo o tempo inteiro! É um falatório incessante, já percebeu isso?

Outro dia vi uma moça andando na rua falando consigo mesma em voz alta, parecia coisa de gente doida, mas é apenas o que nós fazemos o tempo inteiro.

O que isso tem a ver com motivação? O tipo de conversa que você tem pode lhe fazer bem ou mal. Muitas pessoas ficam se remoendo internamente, enquanto isso acontece a sua energia se esgota. Portanto, abaixo a sabotagem! Não cultive esta quantidade de ideias negativas sobre si mesmo e o mundo!

Se fizer isso e ficar atento ao que pensa, poderá mudar toda a energia da sua vida!

FAÇA SUA ESCOLHA:
Quais diálogos internos vale a pena ter?

Portas que abrem e fecham

Muitas pessoas estão vivendo desmotivadas, vão ao trabalho sem vontade, namoram sem tesão, não têm assuntos com os amigos, parece que a vida se transformou em uma rotina monótona e não há mais energia para nada.

Há vários motivos para esse comportamento, mas vou lhe deixar apenas uma ideia pequena e sutil: procure um sentido para cada coisa que faz. Cada coisa tem um sentido, veja o que você pode encontrar no que faz.

Mas você pode perguntar: como encontro valor? Simples, experimente tirar isso da sua vida!

Mate coisas e pessoas! Na sua mente, ok?! Se sentir falta, é porque aquilo tem valor e sentido. A rotina, às vezes, nos faz esquecer o sentido das coisas, se você retirou pessoas ou coisas de sua vida e não sentiu falta, é porque aquilo já não tem mais razão de existir; então, com sabedoria, tire-o de sua vida! As vezes uma porta só se abre quando outra se fecha!

Aprenda a fechar portas e abrir as que valem a pena!

....
Faça sua escolha:
Quais portas você deve fechar ou abrir?
....

Ambiente e Relações Humanas

Em uma reunião, perguntei a um grupo de funcionários de uma empresa o que os motivava a vir trabalhar todos os dias, ou mesmo o que dava ânimo para eles saírem de casa em uma segunda-feira. Você pode imaginar que as respostas foram salário, metas, projetos, mas não, a resposta que recebi foi interessante: Amizades! Isso mesmo, amizades. Um deles disse que o que mais o animava era gostar das pessoas da empresa e também se sentir querido por elas, isso tornava o ambiente de trabalho muito bom.

Muitas vezes, para nos sentirmos motivados, precisamos reunir paz e alegria ao nosso redor. Estar em um ambiente com amigos e pessoas queridas é extremamente motivador, por isso, posso afirmar que as relações humanas e a amizade são fundamentais para você se sentir motivado.

Mesmo que você esteja em um ambiente ruim, tente melhorar a situação, ajude a construir um ambiente melhor para você e seus colegas.

Lembre-se: as amizades motivam as pessoas!

FAÇA SUA ESCOLHA:
Como pretende motivar pessoas?

Deixe-se contagiar

Falar de motivação é entender que nem sempre estamos em alta. É como se jogássemos uma pena para o alto a vida toda e ficássemos soprando para ela não cair. Já se sentiu assim?

Veja, há momentos em que a gente não está bem, está para baixo, algo ruim aconteceu ou deu errado e ficamos aborrecidos. Às vezes ficamos assim mais tempo do que deveríamos. Como fazer para resgatar a energia perdida quando não se está bem? Há uma forma simples: deixe-se contagiar.

Existem pessoas a sua volta que possuem um alto astral, são para cima e contagiantes, pessoas de quem é só ficar pouco tempo perto e você já se sente bem novamente. Permita-se ser contagiado por essas pessoas e recupere a sua energia.

Conviver com pessoas entusiasmadas tira você da mesmice energética!

Lembre-se de que entusiasmo contagia mais rápido do que gripe! Saúde já para você!

FAÇA SUA ESCOLHA:
Quem irá contagiar você?

Induza estados emocionais positivos

Perguntaram para um humorista brasileiro famoso se ele tinha mau humor ou ficava desmotivado. Ele, de forma muito espontânea, disse que sim, que quando acordava de manhã e estava sem energia e tinha uma gravação, começava a rir na frente do espelho, mesmo sem vontade, mas se esforçava até que começava a achar aquilo realmente engraçado. Para ele, eram fundamentais a motivação e a energia para manter a carreira.

O que este humorista faz é científico. Nós podemos induzir estados emocionais simplesmente adotando o "como se". Aja como se estivesse alegre: isso quebra o marasmo da mente e você induz um novo estado emocional. A motivação, lembre, será sempre consequência de estados emocionais positivos induzidos!

> **Faça sua escolha:**
> *Como você pretende induzir estados positivos?*

Praticar o bem

Encontrei outro dia um amigo na praça da Savassi em Belo Horizonte, conversamos muito tempo e pude ver que os olhos dele brilhavam. Perguntei qual era a razão do entusiasmo e ele, com grande alegria, disse que havia ajudado a sua empregada doméstica a construir uma casa própria. Ele tinha doado os tijolos e a areia e ficou muito feliz com a satisfação dela de ver a casa pronta.

Você quer colocar motivação na sua vida? Faça o bem! Simples, não é? É uma ótima maneira de ativar as estruturas emocionais que levam ao estado de alegria.

Veja por você mesmo que, a cada vez que ajudamos e fazemos o bem a alguém, sem querer nada em troca, nos sentimos melhor. Dar é uma boa forma de receber energia!

Motivação é muitas vezes fruto de uma satisfação pessoal. Faça o bem hoje para alguém, agora, nem que seja um elogio justo e honesto.

FAÇA SUA ESCOLHA:
Quem você vai ajudar hoje?

GRATIDÃO MOTIVA

Eu estava em minha fábrica de ideias, quando me ligou uma pessoa que eu não via há anos. Ela me pediu o meu e-mail e eu dei. Passaram algumas horas e recebi um e-mail de agradecimento por um monte de coisas que havia feito por ela! Isso me surpreendeu, pois, em minha vida, não costumo esperar gratidão das pessoas, mas esta o fez. Eu liguei, agradeci e perguntei por que havia decidido fazer isso tantos anos depois. Ela disse que estava fazendo um curso e eles disseram que o combustível para o futuro era a gratidão com o passado, então ela estava agradecendo todo mundo que fez algo por ela. Notei que ela estava muito animada e ela me confidenciou que, depois que começou a agradecer, sua vida ficou leve, fluida e brotou um enorme entusiasmo.

Eu também partilho da experiência de minha amiga. Faça hoje uma lista com o nome de todos aqueles que ajudaram você em pequenas ou grandes coisas. Tenha gratidão pelo que fizeram compartilhando algo com essas pessoas.

Você verá como é fantástica a motivação que brota de dentro de nós.

Gratidão motiva!

FAÇA SUA ESCOLHA:
Quanta gratidão você quer em sua vida?

Deus dentro de nós

Nada no mundo foi feito sem motivação. O entusiasmo contagia, move montanhas, arrebata pessoas e corações! Ele provoca mudanças e desperta nossa vontade de viver.
Como despertar o entusiasmo em nós? Entusiasmo vem do grego *entheos*, ou seja, Deus, ou uma força divina manifestada dentro de nós. Diziam os gregos que, quando uma pessoa estava entusiasmada, era Deus que estava se manifestando dentro dela.
Mas como podemos fazer isso? Simples! A oração e a meditação são instrumentos excelentes para você se conectar, independentemente da sua crença espiritual. Quando silenciamos ou direcionamos a mente, encontramos um espaço de silêncio que penetra em nós e nos traz uma reconexão com algo maior. Esta reconexão faz as coisas terem sentido.
No mundo de hoje, o nexo ou sentido é fundamental. Por isso, a oração e a meditação são imprescindíveis para você fazer esta ponte. Se você é ateu, não tem problema, basta que se conecte com você mesmo neste silêncio. Traga a oração, a meditação ou silêncio para que desperte o seu coração, a sua alma. O entusiasmo? Ele vem naturalmente.

FAÇA SUA ESCOLHA:
Quanto de inspiração você carrega?

Pequenas metas

Muitas pessoas começam coisas e não terminam. Iniciam aulas de dança e param, começam cursos de inglês, atividades físicas e não continuam. Por que isso ocorre? Muitas vezes é porque nos relacionamos com muita distância de um objetivo final. Ter uma meta desafiadora, um sonho grande é fundamental, mas e a distância entre mim e a meta? Se quero, por exemplo, emagrecer e tenho como meta 10 quilos, pode ser que eu precise de muita força de vontade para isso. Agora, se eu definir que minha meta é 1 quilo por mês, não fica tão pesado assim. Aí está o segredo, pequenas metas são mais eficazes para se atingir grandes metas. Na Associação de Alcoólicos Anônimos, eles não pedem para as pessoas pararem de beber. Isso seria muito pesado. Mas há a orientação de que parem de beber por um dia, e isso já ajudou muita gente a superar o vício, simplesmente porque não era algo impossível.

Por isso, se você tem uma grande meta, comece com pequenas partes e você verá que tudo ficará mais fácil.

> **Faça sua escolha:**
> *O que vale a pena fracionar?*

BICHO PREGUIÇA

Uma pessoa me perguntou como poderia aprender a terminar o que começa. Ela me disse que queria acordar cedo para caminhar, vez ou outra ela conseguia, mas tinha preguiça.

O grande bicho-papão da motivação é a preguiça, ela cria um raciocínio que nos leva a adiar o que precisamos fazer. Quando adiamos algo, criamos uma sensação de fracasso e essa sensação acaba com as nossas energias.

Mas há uma maneira de lidar com isso. Não deixe a mente pensar muito! Isso mesmo! Não permita ou dê tempo para ela pensar, entre em ação. Se estiver deitado, levante! Se decidiu falar, levante e fale. Decidiu sobre o projeto, vá para o computador e comece a rascunhá-lo. Por quê?

Porque quando entramos em ação, induzimos estados de ânimo. Esses estados nos levam a dar continuidade e assim criamos um movimento.

Experimente arrumar uma bagunça. Quando iniciamos, a tendência é encerrar aquilo. Criamos um condicionamento positivo em nós que gera um movimento.

Portanto, pegue algo importante que esteja parado. Dê movimento!

Você vai ver como você mesmo é dono da sua motivação!

FAÇA SUA ESCOLHA:
O que precisa de movimento em sua vida?

CORPO

Como podemos criar uma motivação ou uma energia consistente em nossas vidas? De muitas formas, mas vou abordar uma que é fundamental. Seu corpo é uma fonte de energia e movimento em sua vida. O corpo é a casa de um ser humano. Nós habitamos em um corpo que tem sangue, músculos, ossos, nervos e órgãos. Qualquer estímulo que o corpo receba, ele responde.

Posso destacar um exercício que é fundamental não só para a energização de sua vida como para sua longevidade: o alongamento. Alongar o corpo é uma das atividades mais importantes que existe. Quando uma criança nasce, ela é toda flexível; quando um idoso morre, ele já está todo endurecido. Flexibilidade corporal é vida!

Dentre os muitos movimentos que existem para o alongamento, a yoga é uma prática de extrema eficiência quando feita com profissionais responsáveis.

Não sei se você tem costume de se alongar ou não. Se tiver, mantenha; se não, lembre-se de que a cada dia que você envelhecer, vai ficar mais endurecido. É a proximidade da morte.

Portanto, traga vida, traga motivação e energia por meio do alongamento do corpo!

Grave bem! Corpo saudável é igual a mente criativa.

FAÇA SUA ESCOLHA:
Como você quer o seu corpo?

Segunda feliz

Motivação muitas vezes tem relação com trabalho. Você sabe de onde vem a palavra trabalho? Ela vem de *tripalium* e tem origem latina.

Sabe o que é tripalium? É um instrumento composto de três paus, ou melhor, três estacas que, quando fincadas no chão para desenhar os vértices de um triângulo, se encontravam no alto. A essa estrutura se prendiam pessoas para serem torturadas.

Veja só! Por mais que tenhamos hoje uma ideia mais saudável sobre o trabalho, ele remete a um passado de tortura. A punição e o suplício estão intimamente ligados ao trabalho.

Quantas pessoas não se sentem punidas pelo trabalho? Quantas não enxergam o trabalho de outra forma? Para elas a sexta-feira é uma benção, e segunda um inferno. Assim, elas nunca vão ter motivação para fazer nada.

Mude a sua visão do trabalho! Vá trabalhar como se não precisasse trabalhar! Faça com que a segunda-feira seja um dia feliz por ir trabalhar.

Se valer a pena, você mudou; se não valer, procure outro emprego!

FAÇA SUA ESCOLHA:
O que motiva você a trabalhar?

ZONA DE CONFORTO

Você já ouviu falar da expressão "zona de conforto"? Ela representa tudo aquilo que você faz sem esforço, que não oferece nenhum tipo de desafio. Todos nós gostamos de conforto, mas o problema é quando surgem situações que exigem que você vá além.

Existem diversas situações, como um médico que é especialista em sua área, mas precisa gerir uma equipe, um advogado que vê o seu escritório crescer e agora precisa ser um administrador, empresários que precisam se adaptar às novas tendências de mercado.

Gostaria que você refletisse sobre a sua zona de conforto. Se uma pessoa se sente confiante, é porque está dentro de sua zona de conforto! O que você tem aprendido de novo? Quais habilidades está desenvolvendo? Está aprendendo uma língua nova? Se você não está aprendendo nada de novo, sinto lhe dizer que a vida pode vir a ser mais dura com você.

Saia de sua zona de conforto! Amplie seus conhecimentos e habilidades. Quanto mais preparado você estiver, mais motivação terá e, com ela, virão também as oportunidades.

FAÇA SUA ESCOLHA:
Como sair da zona de conforto?

A VIDA É UM BUMERANGUE

Já percebeu que algumas atitudes e coisas que você fala acabam voltando para você de um jeito ou de outro? A vida é como um bumerangue: aquilo que você faz, você recebe de volta.

- Quem dá amor recebe amor.
- Quem reclama sempre terá gente ao redor reclamando.
- Quem ajuda sempre é ajudado.
- Que é briguento sempre estará em guerra.
- Quem incentiva sempre terá um ambiente energizado.

O que você tem a sua volta? Está satisfeito ou não com sua vida pessoal ou profissional? O que tem saído da sua boca? Em que suas ações contribuem com isso?

Veja que está tudo interligado e tudo começa em você. Você é o dono da sua vida. Acredite.

A vida é um bumerangue: o que você dá, você recebe.

FAÇA SUA ESCOLHA:
O que você pretende dar?

SEJA UMA PESSOA DE "ACABATIVA"

Você já ouviu em palestras, na sua empresa, ou em qualquer outro lugar, que você precisa ter iniciativa? Realmente, sem iniciativa, não existe movimento no mundo.

Os empreendedores são pessoas de iniciativa, pois trazem novos conceitos e ideias. Projetos não acontecem sem essas pessoas, problemas não são resolvidos sem que alguém tenha a iniciativa para resolvê-los. Mas vamos analisar por outro ângulo. Já viu projetos que começam e não acabam? Pessoas que iniciam regimes e não vão até o fim? Estamos em um mundo cheio de pessoas que começam as coisas e não concluem. Então o que está faltando? Pessoas com iniciativa para finalizar as coisas.

Da mesma forma que precisamos ter iniciativa, precisamos também sermos "acabativos". Estragou, conserte. Desarrumou, arrume. Começou alguma coisa, termine. Prometeu, entregue!

Quando terminamos coisas, fechamos um ciclo e isso gera uma sensação maravilhosa de dever cumprido. Isso motiva, energiza e nos dá confiança, além de contribuir enormemente para a construção de uma boa reputação. Por isso lhe peço, leitor, conclua aquilo que você vem adiando há tempos. Faça agora! Seja uma pessoa de "acabativa".

> FAÇA SUA ESCOLHA:
> *O que você precisa terminar hoje?*

Saia da rotina

Você sabia que todas as pessoas que têm grandes sacadas e boas ideias são indivíduos com alta motivação pessoal? O que poderíamos fazer para trazer essa motivação para as nossas vidas e ativar a nossa intuição? Simples: você precisa pensar além do convencional, é o que chamamos de "pensar fora da caixa". Como fazer isso? Saia da rotina casa-trabalho, ela mata as boas ideias e torna o seu pensamento viciado. Tem um monte de gente viciada em trabalho. O trabalho é importante, mas você precisa ir além. Deixo aqui algumas dicas:

- Se tiver algum dom artístico, invista nisso.
- Saia para conhecer pessoas diferentes, com assuntos diferentes.
- Faça cursos que lhe ensinem coisas novas e úteis.
- Viaje muito e para lugares novos.
- Faça alguma atividade física.

A rotina é como um banho de banheira em que você está sempre usando a mesma água para se lavar! Troque, renove a água. Traga a renovação com frequência para a sua vida e verá como tudo ficará mais colorido!

Saia da mesmice!

FAÇA SUA ESCOLHA:
O que você precisa fazer de diferente hoje?

Inteligência Emocional

Inteligência emocional

Nenhuma fala ou ação deixa de ter uma emoção por trás. Experimentos com estimulação magnética transcraniana (TMS) demonstraram que, quando alguém observa um estímulo doloroso sendo vivenciado no corpo de outra pessoa, áreas motoras do cérebro respondem de forma tão clara que parece que o próprio corpo de quem observa está vivenciando a situação de dor.

O cérebro tende a reproduzir mentalmente todas as experiências que ele capta externamente. Ele consegue trazer e fazer o corpo viver aquilo.

Isso mostra que temos um fenômeno de compartilhamento de sinais não só emocionais, mas também sensoriais.

Pensando no campo da inteligência, ter habilidade de sentir e perceber o outro de forma tão clara pode nos ajudar a lidar com pessoas nas mais diversas situações.

Veremos a seguir inspirações para uma relação com a inteligência emocional de maneira mais consciente.

HONESTIDADE EMOCIONAL

Desde pequeno escuto que mentir é feio. Nós educamos nossas crianças para não mentir, mas já parou para pensar e admitir que nós, ainda adultos, mentimos? Um aspecto da inteligência emocional importante para nos alinharmos à integridade é a honestidade emocional. Ser honesto emocionalmente é não mentir para a pessoa mais importante deste mundo: você. É sobre essa mentira que quero sua atenção. Quantas vezes você já negou seus sentimentos? Quantas vezes você já foi contra sua vontade?

Enquanto você não for verdadeiro consigo mesmo, não estará em paz. Essas fugas emocionais nos colocam mais longe de nós mesmos e, acredite, doenças surgem por essa razão.

Eu o convido a parar e refletir sobre que mentiras você está pregando para você.

O que você não está se permitindo? O que está se negando? Até quando vai ficar mentindo para si mesmo?

Inteligência emocional começa com a honestidade emocional.

FAÇA SUA ESCOLHA:
Quanta honestidade emocional falta em sua vida?

CICLO DA AUTOSSABOTAGEM

Muitas pessoas gostam de criar, experimentar, viajar, aprender, crescer, ter realizações na vida, e existem aquelas que simplesmente vivem uma vida que não é a que desejam ter.

Essa, muitas vezes, é a profunda razão pela qual produzem pouco, não têm vontade de chegar no horário para trabalhar, não sentem entusiasmo pelo que fazem, entre outras coisas.

Tudo o que temos é, nada mais nada menos, fruto de nossas escolhas. O que muitas vezes nos tira a condição de mudança é algo chamado autossabotagem.

A autossabotagem é a capacidade que temos de criar padrões de pensamento e comportamento que se repetem ao longo de nossas vidas e nos trazem dor, insatisfação e tristeza em relação a nós mesmos.

Para abandonarmos esse comportamento, é necessário entender a diferença entre conformismo e autonomia. Quando dizemos para nós: "minha vida é assim mesmo", ou "eu sou mesmo assim", simplesmente estamos afirmando que nada temos a fazer.

Caímos em um conformismo e isso leva à autossabotagem. Mas quando você se lembra de que tem toda a autonomia para decidir, entende que está no leme e tudo pode mudar desde que faça novas escolhas.

Uma decisão muda tudo. Você tem a autonomia sobre sua vida. Lembre-se de que todo dia é um dia novo para quem sabe viver.

Hoje é o primeiro dia do resto de toda sua vida.

FAÇA SUA ESCOLHA:
O que pretende fazer no primeiro dia do resto de sua vida?

Impulsos emocionais

Você já teve algum impulso que fugiu ao controle? Todos nós temos impulsos. Estes impulsos podem representar uma ideia, um *insight* e também podem não ser tão saudáveis, como o impulso de reagir negativamente a ações e palavras das pessoas que nos irritam ou incomodam. Quantas vezes você falou coisas que não deveriam ter sido ditas? Isso é impulso.

Este tipo de impulso pode levar uma pessoa a arruinar uma relação pessoal ou profissional. Simplesmente porque as pessoas registram e se magoam com facilidade. Muitos dizem que é necessário ser franco nas relações. Mas franqueza vem com inteligência, não com estupidez.

Como você pode controlar seus impulsos? Uma boa maneira é criar um conjunto de motivos para controlá-los: lembre-se de que uma boa reputação é difícil de se construir e fácil de se destruir; desconfie de suas primeiras reações, pois elas irão traí-lo; fique em silêncio; faça uma pergunta para entender; fuja da discussão e, por fim, lembre-se de que sempre existe uma resposta inteligente, e ela não vem sempre de primeira.

Controlando seus impulsos perigosos, você exercita o seu equilíbrio.

O equilíbrio é que faz uma enorme diferença na construção de uma carreira ou nas relações.

> **Faça sua escolha:**
> *Como você pode controlar seus impulsos?*

A FORÇA DA INTUIÇÃO

Certa vez, uma pessoa me perguntou o que é intuição. Dentre várias definições que já ouvi, a que mais me encanta é a que diz que intuição, é a capacidade de ver com o coração. Quando temos uma intuição é como se soubéssemos exatamente o caminho para algo, ou temos um forte sentimento de certeza sobre alguma coisa.

A intuição é um dos fatores mais poderosos de vantagem competitiva em um mundo cada vez mais inovador e em mutação. Altos executivos vêm descobrindo o fator intuição como um elemento de grande diferencial em suas decisões.

Muitas vezes não conseguimos ver o que está pela frente ou mesmo temos muitos caminhos e só uma escolha. Lembre--se de que sua mente pode traí-lo, mas seu coração, não. Todas as vezes que levar suas decisões e escolhas para seu coração, ele vai lhe dar a resposta, simplesmente porque todas as respostas de sua vida já estão disponíveis, acredite ou não.

Aprenda a escutar seu coração, lá está sua intuição, o grande diferencial de sua vida.

FAÇA SUA ESCOLHA:
Onde a intuição pode ajudá-lo?

Insatisfação construtiva

Em 2003, eu estava com um empresário concluindo um trabalho de dois anos. Percebíamos exatamente onde estávamos e o que tínhamos alcançado em termos de avanços em sua organização. Ele estava muito satisfeito com os resultados e, quando me dei conta de sua grande satisfação, disse-lhe que se esse sentimento permanecesse por muito tempo, em um futuro próximo ele estaria fadado ao fracasso ou estagnação. Ele ficou perplexo com meu comentário e me perguntou por que eu estava dizendo aquilo. Eu lhe disse que uma pessoa satisfeita plenamente era uma pessoa que podia ter problemas futuros no mundo dos negócios. Ele me perguntou: "Então tenho que ficar insatisfeito sempre?". Eu disse: "Também não, mas tem um componente emocional crítico para o sucesso de qualquer empresário e gestor: a insatisfação construtiva".

O que isso significa? Insatisfação construtiva é estar insatisfeito de uma forma positiva, valorizando, reconhecendo e aproveitando as glórias momentâneas, mas deixando que uma vontade de fazer mais substitua de forma positiva esse estado.

É essa insatisfação construtiva que movimenta e faz o mundo evoluir, pois, se não existissem pessoas assim, estaríamos ainda vivendo sob a luz de velas.

FAÇA SUA ESCOLHA:
Como a insatisfação pode melhorar a sua vida?

CAPACIDADE DE RECUPERAÇÃO

Convido-o a refletir sobre uma das virtudes emocionais mais importantes dos dias atuais. Num mundo onde nós oscilamos entre altos e baixos, o que fazer quando estamos em baixa? Jorge Amado dizia que a verdade, às vezes, é encontrada no fundo do poço.

Essa capacidade a que me refiro é a capacidade de recuperação. É você ser capaz de levantar sem precisar sempre de alguém para puxá-lo. Estar embaixo ou em cima é parte da vida, mas há pessoas que, quando caem, não contribuem para que elas mesmas se levantem. Às vezes ainda ficam se fazendo de vítima para que as pessoas sintam dó ou pena.

É melhor ficar de fora, estender a mão e deixar que o outro faça a parte dele. Ter capacidade de recuperação é um fator mental. Primeiro você precisa acreditar em si mesmo quando, ao seu redor, ninguém acredita. É aí que você entende que cair também ajuda a dar impulso para subir com mais força e vigor.

Lembre-se: se está em baixa, use o chão para impulsioná--lo. Isso significa que você está ativando sua capacidade de recuperação.

FAÇA SUA ESCOLHA:
Como você pode tomar impulso?

NEGANDO SENTIMENTOS

Certa vez, estava na casa de uma amiga e presenciei uma cena curiosa. Sua filha de três anos estava brincando e outras crianças vieram e tiraram o seu brinquedo. Naturalmente ela começou a chorar e ficou muito irritada com aquilo. Minha amiga, incomodada com as visitas, pediu para ela parar de chorar e se esforçou ao máximo para distrair a filha. Mas a menina não parava. Ela já estava sem graça quando eu intervim e lhe disse: "Você está querendo fazer com que ela não sinta o que ela está sentindo?". Minha amiga respondeu: "mas não dá para ela continuar com este berreiro, Louis".

Eu respondi: "Então você está ensinando sua filha a mentir, já desde cedo! Porque, se você pede para ela fingir algo que sente, esta é a base da fragmentação do ser humano!".

Caro leitor, é sobre isso que gostaria que refletisse: pare de negar seus sentimentos. Pare de fingir que não sente o que na verdade está sentindo. Se você continuar assim, estará desconectado de seu coração. E isso não é saudável, pois toda dificuldade em se relacionar com pessoas e resolver questões passa pela condição de reconhecermos e manifestarmos o que sentimos.

Pare hoje mesmo de negar o que sente. Dê esse presente para você.

FAÇA SUA ESCOLHA:
O que você precisa admitir?

Rotular pessoas

Um dos maiores problemas que enfrentamos nas relações cotidianas tem a ver com a projeção da nossa mente. Quando encontramos pessoas, é comum termos o hábito de julgar e rotular. Uma vez criado o rótulo de uma pessoa – como ela é fria, ou esquisita, ou é isso ou aquilo –, nós passamos a ter uma imagem congelada dela. Se a encontrarmos 10 anos depois, é provável que ainda a vejamos da mesma forma. Isso desencadeia toda uma série de reações emocionais que nos leva a reforçar o que imaginamos ou queremos que ela seja. Essa é a força do rótulo.

O problema é que o rótulo é a sua interpretação. E ela pode não estar correta. Esse é um crítico problema emocional que existe em muitos profissionais que têm dificuldade de entender colaboradores e colegas, exatamente porque eles já têm rótulos formados.

Pare de rotular as pessoas. Você não é juiz. Aprenda a ver as pessoas a partir do mundo delas. Fazer isso já é muito.

Faça sua escolha:
Como entender mais e julgar menos?

As guerras internas

Vivemos em um mundo de guerras. Olhando para nossa história, vemos as guerras marcando sempre gerações, culturas e países. Onde estão todas essas guerras? Eu lhes digo: dentro de nós mesmos.

A maior luta que temos em nossa vida, desde que nascemos, não é a guerra pela sobrevivência, pelo *status*, poder, conquista – não é nenhuma delas. É a guerra que existe dentro de nós mesmos. Que guerra é essa? É a guerra na qual precisamos deixar sair o que não somos para conseguirmos manifestar tudo o que somos.

O problema é que, quando não reconhecemos essa guerra, não admitimos ou mesmo fugimos de nós mesmos, então só nos resta levar esta guerra para as relações humanas. Nossas batalhas com os outros são uma forma de colocar para fora aquilo com que não conseguimos lidar.

Até em programas de desenvolvimento pessoal ainda há pessoas formando guerreiros, sejam da luz, sejam do que for. Pare de guerrear com o mundo e com as pessoas! Reconheça seus conflitos e trate de começar a lidar com eles. Esse será o seu caminho de volta ao equilíbrio e ao poder pessoal.

Troque o guerreiro pelo buscador!

....
Faça sua escolha:
Como trocar o guerreiro pelo buscador?
....

Estados Mentais

Qual é a maior desgraça que já aconteceu em sua vida? Para responder a essa pergunta, você vai precisar acionar sentimentos do passado, coisas tristes e vai acabar revivendo todas elas. Estes sentimentos podem afetar seu estado atual.

Se, no entanto, eu lhe perguntar qual é o momento mais agradável que já teve, provavelmente vai se recordar de coisas boas e pode até trazer também estes sentimentos para o seu estado atual.

Por que isso ocorre? De forma geral porque sentimento gera comportamento. E o inverso também é verdadeiro. A maneira como você se comporta afeta o seu modo de sentir.

Se você começa a se exercitar, em pouco tempo sua disposição aumenta e isso muda o seu estado emocional. O que podemos aprender com isso? Você quer mexer em seu sentimento ou estado emocional? Vá pelo caminho mais simples: aja.

Quer aumentar o seu entusiasmo? Ponha-se em movimento e o entusiasmo virá. Assim você modifica o seu estado mental e emocional.

O poder é seu! Use-o.

FAÇA SUA ESCOLHA:
Qual é o seu poder pessoal?

Prazer ou sofrimento

Nós podemos escolher em nossas vidas dois caminhos básicos para cumprir a nossa jornada nesse mundo: O caminho do amor ou o caminho da dor.
    Os dois caminhos representam formas de aprendizado, e cabe a você decidir qual seguir. O mais simples é o caminho do amor, mas é necessário abdicação, desprendimento, colocar o ego de lado. E isso é difícil para muitas pessoas, daí surgem a dor e o sofrimento.
    Quando não se aprende pelo amor, às vezes, se aprende pela dor. A dor representa um sistema que escolhemos consciente ou inconscientemente para buscar entendimento, luz ou mesmo crescimento. E a dor muitas vezes surge da busca pelo prazer. Uma pessoa que fuma, por exemplo, sabe dos riscos que corre, mas seu prazer é maior do que o medo das consequências. Uma pessoa que não leva seu trabalho a sério verá as consequências disso em um dado momento da vida.
    Por isso, não procure culpados, aprenda a fazer suas escolhas. Se escolheu o caminho da dor, pare de reclamar – assuma e aprenda, pois assim vai lidar com a vida de uma forma mais consistente.

> FAÇA SUA ESCOLHA:
> *Qual caminho você pretende escolher?*

Escolha seus programas e suas emoções

Como podemos programar nossas emoções e sentimentos? Observe quando liga a televisão ou acessa a internet. Qualquer programa a que assista vai despertar algo em você. Se estiver assistindo a uma competição, a torcida pode empolgá-lo, ou desanimá-lo. Se for assistir a um filme de guerra, você pode sentir impulsos de vingança. Essa percepção é que você precisa ter. Escolhendo seus programas estará escolhendo suas emoções.

O mesmo ocorre com a escolha de uma leitura. Toda mensagem gera um tipo de sentimento: revolta, indignação, alegria, prazer, entre outros.

O que precisamos entender nos dias de hoje, em que a inteligência emocional é um fator importante para o êxito, é que estamos todos os dias ativando determinadas emoções em nossas vidas através do que lemos ou a que assistimos.

Eu o convido a começar a listar suas escolhas e a checar se as emoções que elas proporcionam são realmente as melhores para você.

FAÇA SUA ESCOLHA:
Quais emoções você quer ter?

O MEIO É FORTE

Um amigo, professor de português, me contou uma experiência muito rica. Ele, um especialista em letras, foi designado para trabalhar durante um tempo em uma região ao norte do Brasil. Lá, ele trabalhou por 8 anos e durante esse período conviveu com pessoas simples, que não sabiam falar corretamente. Um dos desafios dele era ajudar para que essas pessoas se integrassem à sociedade pela formação educacional. Ele teve muitos bons resultados.

Quando voltou para sua cidade, constatou algo inimaginável. Ele estava falando de modo muito próximo ao das pessoas da região em que ele trabalhara. Pasmem! Ele estava falando "errado".

O que quero mostrar é curioso: o meio em que estamos nos influencia mais do que imaginamos. Nunca subestime o meio. Você é um produto social do meio em que está.

Se você tem esse entendimento, pode fazer suas escolhas sociais e, assim, dar o rumo que quer à sua vida.

Você é fruto do meio!

FAÇA SUA ESCOLHA:
Em que lugar você deseja se alinhar?

O SEU PASSADO TROUXE VOCÊ ATÉ AQUI.
SEU PRESENTE O LEVARÁ ALÉM.
FAÇA SUAS ESCOLHAS.

LOUIS BURLAMAQUI

TENHA UMA EXPERIÊNCIA COM LOUIS BURLAMAQUI

Todos os anos, centenas de pessoas e profissionais se inscrevem em cursos extensivos e de imersão com Louis Burlamaqui nas áreas de competências emocionais, desenvolvimento de liderança ou retiros para expansão da consciência. Nestes eventos, abertos ao público ou fechados para empresas, Louis, com toda sua habilidade de educador, ensina de forma muito simples, didática e prática, como utilizar técnicas e conceitos que levam a migrar estados, desenvolver competências emocionais, relacionais, expandir a consciência, trazer um estado de poder, de alinhamento e resultados profissionais com novos paradigmas.

Nos seus mais de 30 anos de experiência com organizações privadas e públicas, Louis Burlamaqui traz uma nova abordagem, funcional e prática, na forma de obter resultados. Suas abordagens passam por processos de consultoria, *coaching*, programas feitos sob medida, seminários e palestras.

Para saber mais acesse:
www.jazzer.com.br e
www.louisburlamaqui.com.br

DOMÍNIO EMOCIONAL EM UMA ERA EXPONENCIAL

Como controlar suas ações e reações e abrir-se a uma vida extraordinária

Em um mundo exponencial e disruptivo, onde as velhas premissas não funcionam mais, é preciso adotar um novo modelo de vida.

Louis Burlamaqui traz um abordagem inédita e consistente sobre nove estados emocionais pelos quais as pessoas passam no decurso de uma vida de mudanças e transformações.

O nível de adoecimento dos indivíduos, dos profissionais e das empresas vem se acentuando ao longo do tempo, e a causa disso são as emoções e a forma como os seres humanos lidam com mudanças, pressões, performance e vulnerabilidade.

A abordagem desse livro é completamente inovadora, pois trata as emoções pelas polaridades nas quais não há somente positivo e negativo; cada um manifesta suas reações mediante um nível de consciência que afeta a tudo e a todos integralmente.

FLUA

Pare de brigar com você e traga de volta seu alinhamento

Baseado em teorias e conceitos amplos de várias correntes da psicologia, da filosofia, da neurociência e do paradigma quântico, *Flua* é um livro de pura expansão da consciência.

Nele, Louis Burlamaqui expõe claramente por que as pessoas agem da maneira que agem, e como podem atingir a origem de seus problemas íntimos e relacionais, principalmente os que se repetem na vida.

O pressuposto básico de *Flua* é que a nossa jornada não precisa se resumir a luta e esforço. Quando paramos de brigar com nós mesmos e conseguimos nos centrar em nosso eixo, as coisas tendem a fluir e a vida passa a ser mais leve e prazerosa.

O livro é a síntese da teoria da fluidez pela aprendizagem e pelo ciclo noético.

Nós, seres humanos, não precisamos buscar propósito, significado e talento no mundo exterior. Tudo já está dentro de nós. O que devemos fazer é retirar os véus, as confusões e as regras não saudáveis que nos são impostas para que a clareza venha à tona e as melhores decisões fluam naturalmente.

TIPOLOGIA: Caslon [texto]
Trajan [entretitulos]
PAPEL: Off-white 80g/m² [miolo]
Cartão 250 g/m² [capa]
IMPRESSÃO: Formato Artes Gráficas [outubro de 2019]